谨 以 此 书 献 给

为祖国空天防御事业不懈奋斗的人们

筑梦天宫

郭大勇　宋晓明　主编

中国宇航出版社
·北京·

图书在版编目（CIP）数据

佑梦空天 / 郭大勇，宋晓明主编. -- 北京 ：中国宇航出版社，2025. 4. -- ISBN 978-7-5159-2527-1

Ⅰ. F279.23

中国国家版本馆 CIP 数据核字第 2025V7K010 号

责任编辑　刘　凯　　　**封面设计**　廖果同

出版发行　中国宇航出版社

社　址　北京市阜成路 8 号　**邮　编**　100830

(010)68768548

网　址　www.caphbook.com

经　销　新华书店

发行部　(010)68767386　(010)68371900

(010)68767382　(010)88100613（传真）

零售店　读者服务部

(010)68371105

承　印　北京中科印刷有限公司

版　次　2025 年 4 月第 1 版

2025 年 4 月第 1 次印刷

规　格　710 × 1000

开　本　1/16

印　张　19.5

字　数　245 千字

书　号　ISBN 978-7-5159-2527-1

定　价　68.00 元

编 委 会

序 言

PREFACE

习近平总书记指出，人无精神则不立，国无精神则不强。精神是一个国家、一个民族赖以生存的灵魂，也是一项事业不断创造奇迹与辉煌的源泉。伟大事业孕育伟大精神，伟大精神引领伟大事业。航天精神与文化是中华民族智慧和精神的重要组成部分，体现了现代文明、国家意志、管理意识和科学精神，是航天事业取得不断胜利的力量之源。

中国航天事业已经走过了60多个年头。春华秋实，中国航天人经历了从零起步的举步维艰，实现了航天事业从无到有、从小到大、从弱到强的跨越式发展。60多年来，在党中央坚强领导下，在全国人民大力支持下，一代代航天人不忘初心、牢记使命、接续奋斗，走出了一条自力更生、自主创新的发展之路，在导弹武器、人造卫星、载人航天、探月工程等各领域取得了一系列辉煌成就，极大地鼓舞了中国人民，增强了国家的综合国力、科技实力和民族凝聚力，使中国昂首屹立于世界航天大国之列。

我国第一个专门研究导弹控制系统的研究院——国防部第五研究院二分院，成立于1957年11月16日。这就是中国航天科工集团第二研究院（以下简称二院）的前身。建院以来，二院人在极其艰苦的条件下起步发展，以不畏艰险、勇于探索、无私奉献、团结拼搏的英雄气概，用智慧和汗水描绘出我国空天防御事业的宏伟蓝图，谱写了一曲自强不息的壮丽凯歌。

中国航天事业在不同的历史阶段和发展时期，孕育和产生了以航天传统精神、“两弹一星”精神、载人航天精神、探月精神和新时代北斗精神为代表的一系列航天精神。航天文化是在党的领导下，赓续红色基因，将中华优秀传统文化和时代文化相融合、吸收先进的科学和管理文化、经过几代航天人探索和总结、进而形成的一系列影响深远的优良传统和文化理念，是民族精神、时代精神与航天实践相结合的优秀文化，也是积极进取、勇于探索、与时俱进的先进文化，更是陶冶情操、激发向上的高尚文化，是推动中国航天事业不断发展的精神文化动力。

二院是航天精神与文化的重要创立与守护者，是重要的实践和弘扬者，也是重要的发展与创新者。航天精神的核心是爱国主义和科学精神，航天文化的灵魂和精髓是热爱祖国、无私奉献。在中国航天事业的发展过程中，二院人始终坚持“国家利益高于一切”的核心价值观，践行“科技强军、航天报国”的神圣使命，发扬“求实、创新、协同、奉献”的企业精神，自觉把个人理想与国家命运结合起来，大力传承弘扬航天精神与文化，勇攀科技高峰，履行强军首责，圆满完成党和人民交付的各项任务，护佑实现航天梦、强军梦、中国梦。

党的二十大作出“加快建设航天强国”的战略部署。建设航天强国需要强大的精神与文化支撑。认真研究总结航天精神与文化的发展历程和实践经验，对于进一步弘扬航天精神与文化、推进航天强国建设，具有重要的理论和实践价值。

本书正是基于这样的时代背景和形势需要，从大力弘扬航天精神、推动航天文化建设的重要意义入手，结合二院多年来的实践，进行理论探讨和实践总结。通过本书，我们旨在弘扬航天精神与文化，进一步增强信心、凝聚力量，推动航天强国建设迈上新台阶，为以中国式现代化全面推进强国建设、民族复兴伟业作出新贡献。

为了进一步增强本书的可读性，提升史料价值，我们还收集查找了大量二院发展过程中的老照片，部分是首次公开，能够更好呈现二院的发展历史和传承弘扬航天精神与文化的丰富实践。

在第九个“中国航天日”来临之际，本书正式面世，希望与广大读者共同体悟航天精神与文化的丰富内涵，获得有益启迪。

本书编委会

二〇二四年三月

目 录

CONTENTS

第一章

弘扬航天精神、推动航天文化建设的意义与价值

航天精神与文化是航天人在党的领导下，从 20 世纪 50 年代起，在中国航天事业发展的实践中，不断积累、提炼、传承、发展而逐步形成的，是党的光荣传统和优良作风在航天战线的具体体现，是民族精神、时代精神与航天实践相结合的产物，是中华优秀传统文化与当代科技发展融合凝聚创新形成，具有时代特征和行业特色的先进文化。

新时代新征程，大力传承弘扬航天精神、推动航天文化建设，对于发展航天事业、建设航天强国具有重要意义。

第一节 弘扬航天精神、加强航天文化建设的重要意义

航天精神是推动中国航天事业不断发展的动力源泉，是中华民族精神文化宝库中的珍贵财富，是中国共产党人精神谱系的重要组成。航天精神在推进中国航天事业的伟大实践、长期奋斗中淬炼形成，是彰显党性、体现时代性的伟大精神，蕴藏着中国航天事业不断走向辉煌的基因密码。

一、航天精神是党和国家宝贵的精神财富

经过 60 多年的发展，中国航天事业不断壮大，取得了一批具有世界先进水平的重大科技创新成果，为维护国家安全、推动科技进步、服务经济社会发展作出了巨大贡献。航天精神是伟大民族精神、中国共产党革命精神、时代精神与中国航天事业创新发展的丰富实践紧密结合的产物，是中国航天事业持续发展、不断壮大的思想支撑、精神动力和文化源泉。

20世纪50年代末，中国航天事业初创时的办公地

习近平总书记指出，一百年前，中国共产党的先驱们创建了中国共产党，形成了坚持真理、坚守理想，践行初心、担当使命，不怕牺牲、英勇斗争，对党忠诚、不负人民的伟大建党精神，这是中国共产党的精神之源。一百年来，中国共产党弘扬伟大建党精神，构筑起了中国共产党人的精神谱系。

航天精神是伟大建党精神在中国航天的鲜明表达。航天精神体现了中国共产党人“坚持真理、坚守理想”的理想信念和价值追求，体现了中国共产党人“践行初心、担当使命”的历史责任和时代使命，体现了中国共产党人“不怕牺牲、英勇斗争”的精神风范和意志品质，体现了中国共产党人“对党忠诚、不负人民”的政治担当和人民立场。中国航天之所以能够在我国基础工业相对落后的条件下，不负祖国的重托和人民的期望，不断谱写新的篇章，离不

几代航天人用生命熔铸的航天精神

开航天精神的引领和激励。奋进道路上，越是面临艰巨任务、严峻挑战，越需要大力弘扬航天精神。

“两弹一星”精神、载人航天精神、探月精神和新时代北斗精神被列入中国共产党人精神谱系，充分体现了党中央对发展航天事业、建设航天强国的高度重视，是对中国航天事业取得系列重大成就和航天精神发挥重要作用的高度肯定。航天精神鼓舞着我们从航天大国向航天强国迈进，同时也向中华儿女不断地传递着顽强拼搏、艰苦奋斗的信念和力量，是党和国家的宝贵精神财富，是中华民族精神宝库中的靓丽瑰宝。

二、航天精神是中国精神的具象表达

习近平总书记指出，中国精神是凝心聚力的兴国之魂、强国之魂。航天精神是中国精神的重要组成部分，是民族精神、时代精神与航天实践相结合所产生的，是中国精神在航天领域的具象表达。

中华民族在几千年历史中创造和延续的中华优秀传统文化是中华民族的“根”和“魂”，是中华文明的智慧结晶和精华所在，为中华民族克服困难、生生不息提供了强大精神支柱。作为中华民族的文化根脉，中华优秀传统文化积淀着中华民族最深沉的精神追求，代表着中华民族独特的精神标识，底蕴深厚，内涵丰富，是航天精神与文化形成和发展的丰厚土壤。

航天精神深深根植于中华优秀传统文化，是中华优秀传统文化与中国共产党红色文化、社会主义先进文化、航天实践文化有机融合而成的。中华传统文化中“天下兴亡，匹夫有责”“捐躯赴国难，视死忽如归”的爱国主义精神；“天行健，君子以自强不息”“路漫漫其修远兮，吾将上下而求索”的进取精神；“日新之谓盛德”“苟日新，日日新，又日新”的创新精神；“鞠躬尽瘁，死而后已”“俯首甘为孺子牛”的奉献精神；“上下同欲者胜”“人心齐泰山移”的协同精神等，这些都是构成航天精神的优秀传统文化基因。

中国航天事业初创时，自力更生搞建设

航天精神吸纳传承了中华优秀传统文化，在中国航天事业发展的实践和叙事中不断发展，是激励航天人艰苦奋斗、接续奋斗、永久奋斗的重要精神力量。我们要将航天精神作为弘扬社会主义核心价值观的实践样本之一，集聚建设航天强国、实现航天梦的崇高精神力量，为强国建设、民族复兴伟业提供强有力的精神支撑。

三、航天精神为实现“中国梦”凝聚力量

伟大事业孕育伟大精神，伟大精神成就伟大事业。“探索浩瀚宇宙，发展航天事业，建设航天强国，是我们不懈追求的航天梦。”习近平总书记在首个中国航天日当天做出重要指示强调，经过几代航天人的接续奋斗，我国航天事业创造了以“两弹一星”、载人航天、月球探测为代表的辉煌成就，走出了一条自力更生、自主创新的发展道路，积淀了深厚博大的航天精神。航天精神是引领中国航天事业蓬勃发展，不断取得伟大成就的力量源泉。

中国梦牵引航天梦，航天梦助推中国梦。实现中国梦必须走中国道路、凝聚中国力量、弘扬中国精神。习近平总书记在会见神舟十号载人飞行任务航天员和参研参试人员代表时强调，载人航天事业的成就，充分展示了伟大的中国道路、中国精神、中国力量，坚定了全国各族人民实现中华民族伟大复兴的中国梦的决心和信心。航天梦是中国梦的重要组成部分，在实现航天梦的过程中所展现的航天精神、所凝聚的航天力量将成为实现中国梦的重要动力。

航天事业是新时代中国特色社会主义事业的重要组成部分，对于推动科技进步、提升国家综合实力、保障国家安全意义重大，在服务国民经济发展、创造人类美好生活等方面影响深远。航天精神反映的不仅仅是航天人的精气神，还包括蕴含其中的世界观、方法论。大力弘扬航天精神可以推动航天事业高质量发展，为航天强国建设积提供精神动力、智力支持和思想保证。同时，航天精神还可以激发全民，特别是青少年爱国报国、崇尚科学、探索未知、勇于创新的热情，为实现中华民族伟大复兴的中国梦提供人才储备，凝聚精神与科技力量。

20世纪60年代，建设一线热火朝天

60 多年来，航天事业不断发展壮大，航天精神也在持续拓展丰富。从热爱祖国到强国奋斗、从自力更生到自主创新、从大力协同到协同攻坚、从无私奉献到卓越奉献、从勇于攀登到勇攀高峰、从自我奋进到胸怀世界，无不紧跟时代进步，体现时代内涵。大力弘扬航天精神的根本目的，是为发展航天事业、建设航天强国提供精神动力，为最终实现中国梦贡献力量。随着新时代对思想文化使命的要求，航天精神在宣传思想、文化传播、舆论引导等方面的作用愈加凸显，在服务国家战略、服务国防建设、服务国计民生方面发挥着越来越重要的作用，成为实现航天梦、强军梦、中国梦不可或缺的重要力量。

第二节　弘扬航天精神、加强航天文化建设的时代价值

航天精神与文化是中国航天人具有自身特色的思想、意识、观念等意识形态和外在行为模式，以及与之相适应的组织机构和制度体系的总和。航天精神与文化伴随中国航天事业的发展，已成为中国航天人建设航天强国的重要精神支柱和强大内生动力。今天航天大国的地位正是大力弘扬航天精神，推动航天文化建设的结果。

新时代新征程，大力弘扬航天精神、推动航天文化建设，要以习近平文化思想为指导，瞄准航天文化催生新质生产力提升的着力点，充分发挥文化教育人、改造人、培养人、塑造人的功能和对人的思想、行为具有的导向、凝聚、激励、调解、约束、监督等作用，为实现航天强国建设目标提供有力精神与文化支撑。

一、弘扬航天精神、加强航天文化建设是深入贯彻习近平文化思想的内在要求

党的十八大以来，习近平总书记对文化的重要地位和作用作出深刻精辟的论述，统筹推进“五位一体”总体布局、协调推进“四个全面”战略布局，文化是重要内容；推动高质量发展，文化是重要支点；满足人民日益增长的美好生活需要，文化是重要因素；战胜前进道路上各种风险挑战，文化是重要力量源泉。

2023 年 10 月召开的全国宣传思想文化工作会议，首次提出

习近平文化思想。习近平文化思想为做好新时代新征程宣传思想文化工作、担负起新的文化使命提供了强大思想武器和科学行动指南。

我们要紧紧围绕学习贯彻习近平文化思想，全面贯彻落实党的二十大关于文化建设的战略部署，聚焦用党的创新理论武装全党、教育人民这个首要政治任务，围绕在新的历史起点上继续推动文化繁荣、建设文化强国、建设中华民族现代文明这一新的文化使命，高度重视航天精神弘扬与航天文化建设，保持强大的政治优势、精神文化优势，汇聚“科技强军、航天报国”的磅礴力量，主动作为，敢于担当，创造中国航天新的辉煌。

二、弘扬航天精神、加强航天文化建设是推动航天企业高质量发展的重要支点

高质量发展是全面建设社会主义现代化国家的首要任务。党的二十大报告指出，“全面建设社会主义现代化国家，必须坚持中国特色社会主义文化发展道路，增强文化自信，围绕举旗帜、聚民心、育新人、兴文化、展形象建设社会主义文化强国”。这是对文化建设在高质量发展中所承担使命任务的明确描述，即：文化要赋能国家高质量发展。同样，

20世纪70年代，二院召开试验动员大会，激发队员斗志

对于航天企业，实现高质量发展是时代的要求，是提升市场竞争力的本质需要，航天精神与文化无时无刻不在影响着企业的发展，为我国航天事业不断发展壮大，提供了强大的精神动力和思想保障，是推动企业高质量发展的重要支点。

航天精神与文化是航天企业的灵魂，是激励全体职工奋发向上的动力源泉。推动航天企业高质量发展，必须紧紧抓住航天精神弘扬与航天文化建设这个重要支点。通过传承和弘扬航天精神，进一步增强企业的凝聚力、创造力和战斗力，形成具有航天特色的企业文化，为航天事业注入源源不断的精神动力。同时，结合时代特点，不断创新航天精神弘扬与航天文化建设的内容和形式，使其更好地服务于企业的发展实际，为实现高质量发展提供有力支撑。

弘扬航天精神、加强航天文化建设、推动企业高质量发展是一项长期而艰巨的任务，要挖掘支撑高质量发展的精神与文化优势，将其融入战略，为企业发展擘画蓝图，激励员工为战略目标的落地实施同心同德、奋勇拼搏；融入人才选育，营造鼓励人才干事业、支持人才干成事业、帮助人才干好事业的良好环境和氛围，为企业发展提供人才支撑；融入创新变革，秉承创新基因，使创新变革更易实现，使企业永远充满活力，并转化为企业高质量发展的动力；融入制度建设，把文化理念植入企业管理机制，发挥制度硬约束和文化软约束的协同效力。

三、弘扬航天精神、加强航天文化建设是培根铸魂增强凝聚力的重要力量源泉

弘扬航天精神、加强航天文化建设对于广大干部职工提升思想境界、加强党性修养起到了决定性作用。任何文化都是有根的，这些根脉里深藏着人类为创造文明而不懈努力的足迹。

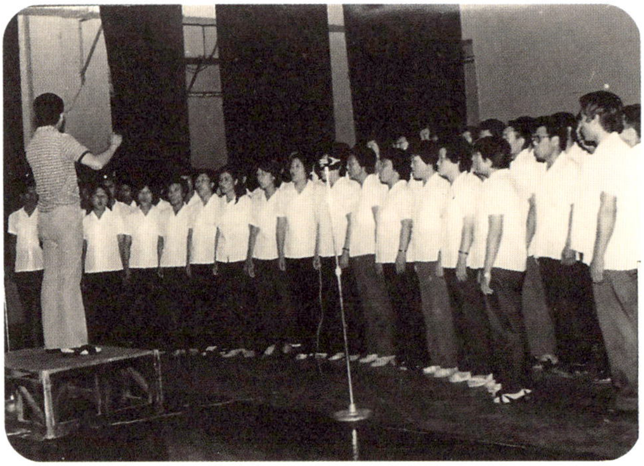

20世纪80年代，二院职工在排练大合唱

航天精神与文化生动诠释了以爱国主义为核心的民族精神和以改革创新为核心的时代精神。航天精神与文化从中华优秀传统文化中汲取养分，为企业发展提供源源不断的精神动力和文化滋养。通过教育引导、文化熏陶、行为实践、制度保障等，充分发挥以文化人、培根铸魂的引领作用，使之成为航天人内化于心、外化于行的强大动力。

只有大力加强航天文化软实力建设，才能不断凝聚人心力量，潜移默化地影响和规范航天人的行为，成为发展航天事业、建设航天强国的的力量基础。

四、弘扬航天精神、加强航天文化建设是满足航天职工美好生活需要的必要因素

美好生活是每个人尽可能处于自由而全面发展的状态，才能尽可能得到发挥，需求尽可能得到满足，人格尽可能得到完善，尊严尽可能得到尊重。创造美好生活的实践，包括改造外部世界和内部世界的实践，两种实践共同构成了美好生活的各种必备条件。改造

外部世界的实践就是要创造出必要的经济条件、政治条件、社会条件、文化条件、生态条件等外在因素，改造内部世界的实践就是要创造出人内在的思想修养、道德境界、智慧德性、感受能力等内在因素。

昔日举办文化活动的二院大礼堂

美好生活的实现离不开道德水准提升和精神文明建设。精神与文化建设是满足人民美好生活需要的必要因素。

1986年，冬季长跑比赛

弘扬航天精神、加强航天文化建设，用优秀的精神与文化教育、感染航天职工，可以有效提升职工的文化素养、道德情操、精神文明，使其以良好的精神风貌、昂扬的斗志投身于发展航天事业、建设航天强国的伟大洪流之中。

第二章

航天精神与文化在二院的发展历程

60 多年来，二院在航天精神与文化引导下，为推动我国空天防御事业从无到有、从小到大、由弱到强，以令人惊叹的速度不断刷新纪录，谱写了追赶、并跑、超越的奇迹篇章，为建设航天强国提供了坚强有力的支撑。

二院作为航天精神与文化的重要创立者、传承者、实践者，在弘扬航天精神、推动航天文化建设过程中，经过“实践、认识，再实践、再认识”的艰辛探索历程，在推动中国航天事业不断发展的同时，也不断丰富和发展了航天精神与文化的内涵。

第一节　二院的历史沿革及发展成就

回望历史，航天精神与文化始终是滋养航天人心灵的精神养分，二院这支中国航天事业的劲旅、空天防御事业的骄子，经过60余年的劈波斩浪、砥砺奋进，始终秉承人民军队的红色血脉与基因，不断用满腔忠诚铸造护佑国家安全的大国重器，在祖国空天防御事业的发展史上书写了可歌可泣的壮丽篇章。

一、二院的历史沿革

1957年11月16日，国防部五院二分院成立，周恩来总理任命王诤将军为国防部五院副院长兼二分院院长。建院初期，二分院遵照党中央批准的国防部五院“自力更生为主，力争外援和利用资本主义国家已有的科学成果”的建院方针，坚持“边学、边干、边建”的指导原则，通过仿制“1059”等各项任务，组织队伍，奠定建院基础。

1957年，建院初期的办公楼

1960年以后，在全面展开“8109”工程基本建设的同时，二分院开始由仿制到自行设计，逐步走上独立研制导弹武器控制系统的

20世纪60年代，永定路工业区东院南大门

道路。

1965 年 1 月，党中央、国务院决定，在国防部五院的基础上，组建第七机械工业部。二院更名为第七机械工业部第二研究院。这一时期，二院从导弹控制系统研究院发展成为地空导弹研究院。

1978 年 12 月，随着党的十一届三中全会的召开，二院进入了新的发展时期。

1982 年 4 月，第七机械工业部更名为航天工业部，二院更名为航天工业部第二研究院。这一时期，二院党委坚决贯彻执行党的十一届三中全会制定的路线方针政策，通过政治上、思想上的拨乱反正，为有力促进工作中心的转移和科研生产经营各项任务的完成提供了有力的政治保障、思想保障和组织保障。二院人成功研制了“巨浪一号”潜地固体战略导弹、“东风二十一号”陆基机动固体战略导弹、“红旗七号”低空

20世纪80年代，试验队员顶着寒风开展试验

20世纪80年代末，试验队员在外场合力攻坚

防空导弹，民品开发工作发展迅速，取得了明显的经济效益。

随着国务院机构改革和国防科技工业体制改革，1988年7月，二院更名为航空航天工业部第二研究院。1993年6月，二院更名为中国航天工业总公司第二研究院。这一时期，二院党委坚定不移贯彻党的路线方针政策，坚决执行“军民结合、平战结合、军品优先、以民养军”的方针，发扬“自主、自立、自强”精神，型号研制取得了突破性进展。同时，二院充分发挥自身的特点优势，紧紧围绕军民、民品、三产，科研生产综合保障卓有成效，民品和服务性三产取得迅猛发展，推动了二院的快速发展。

1999年7月，二院更名为中国航天机电集团第二研究院。2001年7月，二院更名为中国航天科工集团第二研究院，并沿用至今。在这一时期，国家加强国防现代化建设，装备发展

2012年，焕然一新的永定路工业区东院南大门

进入具有里程碑意义的重要阶段。此时，二院紧紧抓住难得的历史发展机遇，顺利完成了由转轨变型向第三次大发展的过渡，初步形成了军品、民品和军贸“三足鼎立”的发展格局，完成了第三代防空导弹武器系统的研制，基本形成了“探索一代、预研一代、研制一代、生产一代”的发展格局。

党的十八大以来，二院坚持以习近平新时代中国特色社会主义思想为指导，全面加强党的领导，坚决履行强军首责，坚持创新驱动发展，全力推动二院装备建设转型，装备体系全面构建，体系总体地位进一步巩固。二院坚定不移走国际化道路，推动国际化经营均衡发展。坚持服务国家战略，打造重点产业，凝聚二院产业发展蓬勃动力。坚持高质量发展道路，对标世界一流，企业管理效能和治理水平持续提升。坚持战略引领发展，明确二院中长期发展战略目标和发展思路，开启建设世界一流航天安全防务研究院全新发展征程。

二、二院的发展成就

二院成立之初，面对国际局势复杂多变、国内“一穷二白”的多重困难相互叠加的发展局面，在党中央、国务院、中央军委和老一辈无产阶级革命家的坚强领导和亲切关怀下，大力弘扬航天精神与文化，自力更生、艰苦奋斗，走出了一条从仿制到自行研制和自主设计，发展我国导弹事业的成功之路，在较短时间内突破了多项尖端技术，填补了我国导弹事业发展的多项空白，在中国航天事业发展史上留下了光辉的一页，为我军装备现代化建设和我国综合国力的提高做出了重大贡献。

20世纪70年代，试验队员意气风发奔赴试验场

60多年来，二院在技术领域的一项项突破，型号研制的一次次成功，为我国国防现代化建设立下了赫赫战功。一系列中国装备史上的“第一”成为维护国家战略安全的“铁拳”和“国之重器”：第一枚战术地地导弹控制系统的研制，在我国军事装备发展史上具有里程碑意义；第一型地空导弹武器的研制，开创了我国防空导弹武器研制的历史；第一型潜地战略核导弹的研制和第一型陆基机动发射固体战略导弹的研制，标志着我国弹道导弹技术有了巨大突破；第二代近程防空导弹武器系统的研制，填补了我国低空、超低空导弹的空白。进入21世纪，二院率先在国内突破了第三代防空导弹技术，使我国防空导弹的研制水平跨入世界先进行列。在庆祝中华人民共和国成立35周年、50周年、60周年、70周年、纪念中国人民抗日战争暨世界反法西斯战争胜利70周年和庆祝中国人民解放军建军90周年等阅兵仪式上，二院研制生产的多型装备精彩“亮剑”，扬军威、壮国威。

二院研制生产的多型装备亮相阅兵式

在确保装备研制生产任务完成的同时，二院全面贯彻新发展理念，融入服务新发展格局，按照“集约经营、集聚管理、集群发展”战略思路，推动产业高质量发展。聚焦新一代信息技术、高端装备制造、现代服务业三大主业，打造雷达与电子信息、信创、智慧产业等先导性产业，发挥航天技术优势，构建民用产品体系。进一步加快“走出去”战略实施，打造以北京地区为中心，成都、西安、武汉等地区为节点并辐射周边的全国区域布局架构，市场营销体系覆盖全国主要城市。

二院人早期使用微机进行工作

二院自主研发航天科工首个通用卫星平台天鲲一号，成功发射新技术试验卫星天鲲二号；成功发射首颗低轨宽带通信技术试验卫星，推动我国低轨宽带通信卫星星座系统的快速发展。二院研制的多项产品保障国家重大航天工程任务；圆满完成北京奥运会、上海世博会、北京冬奥会等安保科技系统建设与运行任务，树立“航天安保”品牌；突破呼吸机关键技术，为抗击新冠疫情贡献航天力量。

二院携防空体系装备亮相珠海航展

二院坚定不移走国际化道路，推动国际化经营均衡发展。军贸市场开发取得重大突破，呈现“产品系列化、渠道多元化、营销体系化”良好态势，形成了以“飞龙”“飞獴”“飞豹”“快狼”“野牛”五大品牌为代表的多个系列军贸产品发展型谱。以安保科技、气象雷达、应急通信及光机电微波类特色产品为代表的民品出口持续增长。

我国第一号发明专利、第一号实用新型专利证书

60余载的不懈追求，60多年的勇于攀登，二院人用创新不断标注航天梦的“新高度”，在履行强军首责过程中各方面均取得了显著成绩：作为我国第一号发明专利、第一号实用新型专利获得单位，二院获得国家级及省部级科技进步奖2500余项，多次荣获国家科学技术进步奖特等奖。二院先后荣获中国质量奖、全国质量奖卓越项目奖、全面质量管理推进40周年杰出推进单位、QC小组国际金奖、全国五一劳动奖状、全国先进基层党组织、全国文明单位、“六五”普法全国法治宣传教育先进单位、全国模范职工之家、全国“讲理想、比贡献”活动先进集体、全国五四红旗团委、新中国成立70周年中国杰出贡献企业、改革开放40年中国企业文化之四十典范组织等荣誉。

三、建设“新二院”的发展愿景

一个行业只有不断创新，才能站在时代的制高点上，才能以旺盛的生命力立于不败之地。2022 年 11 月 22 日，二院第九次党代表大会胜利召开。大会确立了“空天防御迈上新高度，科技创新跑出新速度，产业发展呈现新广度，数字航天展现新力度，深化改革开拓新维度”的“新二院”战略目标，为新时代二院发展空天防御事业指明了方向。

“新二院”建设是赢得主动、开创未来的迫切要求。一流的军队需要一流的装备，一流的装备来自于一流的国防科技。面对新的世情、国情和院情，二院深入学习贯彻习近平总书记重要讲话精神，深刻领会党的二十大提出的“开创国防和军队现代化新局面”的深刻内涵，清醒认识二院的“时”与“势”，不忘初心、牢记使命，牢牢把握发展进程中的最好时期，在发展中赢得主动、开创未来。

2021年6月30日，二院举行庆祝建党100周年升旗仪式

“新二院”建设是赓续血脉、筑梦起航的重要途径。60多年来，二院与国家利益、民族命运紧密相连，在航天传统精神、“两弹一星”精神、载人航天精神、探月精神、新时代北斗精神的滋养下，在“有矛必有盾”发展哲学的指引下，以国为重，铸国之重器，护民之安康。新时代新使命要求我们必须始终听党话、跟党走，不能忘记老一辈二院人“生在永定路、死在八宝山”的豪情壮志，“干惊天动地事、做隐姓埋名人”的默默奉献，牢记来时的路，看清前进方向，汲取奋进力量。

“新二院”建设是砥砺奋进、锐意进取的必然选择。历经60余载不懈奋斗，二院确立了国家空天防御体系总体地位，成为国家空天防御领域排头兵、国家战略性新兴产业先行者。新征程再出发，放下曾经的辉煌，肩负起当下的使命，立足未来的发展前景，二院必须坚定信心，迎难而上，自觉担负起新的使命任务，锚定“新二院”建设目标，以文化人、以文兴企，全力推动空天防御事业高质量发展，努力创造更加辉煌灿烂的明天。

第二节 航天精神与文化在二院的发展变迁

航天精神与文化的形成与发展既有历史渊源，又具有显著的时代特征和行业特色。在中国航天事业60多年的光辉历程中，在不同的发展阶段和不同的时代背景下，先后孕育形成了以航天传统精神、“两弹一星”精神、载人航天精神、探月精神、新时代北斗精神等一系列宝贵精神财富为核心的航天文化，为促进空天防御事业的创新发展提供了坚强的精神动力和思想保证。二院作为中国航天事业的中坚力量，为航天精神与文化的发展作出了积极贡献。

一、坚持和加强党的领导是二院事业发展的根本保证

鲜明的政治性是航天精神与文化的显著特点。二院从1957年创建至今，始终坚持党对航天事业的绝对领导，通过健全党的领导体制，发挥党的政治领导优势，始终不忘肩负的使命，不断深化对科研管理规律、人才成长规律的认识，抓重大、抓尖端、抓基础，取得了以“红旗”“巨浪”“东风”等为代表的一系列国之重器的辉煌成就，为航天事业发展提供了强有力的政治思想保证和精神文化支撑。今天，坚定文化自信，秉持开放包容，坚持守正创新，着力加强党对二院事业的领导既是时代的要求，也是确保航天事业稳步发展、国之利剑永远听党指挥的重要保证。

20世纪80年代，永定路工业区2号厂房

建院初期，二院形成以党委为核心的党、工、团系统，是贯彻落实党和国家有关航天发展的方针政策和重大决策的组织保证。

为加强党对科研工作的领导，1958年，二分院召开第一次党代表大会，明确党委的中心任务是抓政治思想工作，加强共产主义和集体主义思想教育，抓科学研究工作，深入开展技术民主，大力培育又红又专的科学技术队伍。1961年，二分院召开第二次党代表大会，明确党的工作的根本任务是“出成果、出人才”，组织热爱国防尖端事业，自力更生、发愤图强等主题教育，领导全院完成了从仿制到自行设计的工作重心转移。在中国航天初创时期的艰难创业过程中，强有力的政治思想教育始终贯穿着党对航天事业的全面领导。

党的十一届三中全会后，二院党委领导全院干部职工贯彻落实党的路线、方针、政策，把全院工作重点转到科研生产，大力开展新时期党的思想政治工作，有力保证了整顿改革和各项科研生产任务的完成。

1984年，改造竣工的二院大礼堂夜景

1986年，二院召开第三次党代表大会，强调要切实加强和改善党的领导，适应全国改革建设的新形势，进一步解放思想，深化改革，实现了发展战略的转变。1991 年，二院召开第四次党代表大会，明确坚持党的基本路线，发挥党组织的政治核心作用，全院干部职工统一思想，顽强拼搏，为建成“高科技、高效益、高文明水准”的二院努力工作。1997 年，二院召开第五次党代表大会，动员全院各级党组织和广大党员，共同奋斗实现跨世纪发展的目标。2008 年，二院召开第六次党代表大会，提出开创党的建设和思想政治工作新局面，为科研生产经营中心工作任务的完成提供坚强的政治保证、思想保证和组织保证。

二院召开第三、第四、第五、第六次党代表大会

党的十八大以来，二院两级党委以习近平新时代中国特色社会主义思想为指导，坚持和加强党的全面领导，全力推进二院事业发展迈上新台阶。

2013年，二院召开第七次党代表大会，提出努力提升核心竞争力，实现“五个一流”，为今后一个时期的发展指明了方向。2017年，二院召开第八次党代表大会，提出把握“大防务、大安全、大变革、大融合、大体系”总体原则，明确二院发展战略，提出以国际一流的技术和产品服务国家战略、服务国防建设、服务国计民生。2022年，二院召开第九次党代表大会，明确了新时代新征程二院发展的中心任务——全面开启“新二院”建设，充分激发了广大二院人建功新时代、奋进新征程的历史使命感和时代紧迫感，汇聚起共筑航天梦的磅礴力量。

左上图为二院第七次党代表大会会场；
右上图为二院第八次党代表大会会场；
左图为二院第九次党代表大会，明确建设“新二院”使命任务

二、传承弘扬航天精神与文化是二院事业发展的力量源泉

60余年来，航天精神与文化已凝结成一种蕴含自强不息的民族品格，激励二院人在打造国之重器的砥砺奋进中，战胜一个又

一个艰难险阻，跨越一座又一座科技高峰，发展成为我国空天防御事业的主力军。同时，二院为航天精神与文化的发展提供了肥沃的生长土壤和良好的传播环境，航天精神与文化成为二院发展壮大的力量源泉。

20世纪60年代，红旗二号导弹成功发射

20世纪80年代，“巨浪一号”发射成功

1. 二院是航天精神与文化的重要创立者和守护者

航天精神与文化的形成以航天事业的发展为基石，反过来又为航天事业的创新发展提供深层次的思想文化动力。空天防御事业是中国航大事业的重要组成部分，航大精神与文化深刻揭示了空天防御事业在斗争中发展的历史必然，体现了二院人履行强军首责的精气神和发展航天事业的时代担当。

20世纪50年代末，科研人员边学边干

二院是中国航天事业的重要创建者，也必然是航天精神与文化的创立者、守护者。二院建院初期，主要承担地地导弹控制系统和地空导弹的仿制和自行设计工作。在仿制“543”时，二分院提出“学习543、吃透543、仿出543”的口号，从无到有，以我为主，以百倍的干劲和热情克服了前所未有的难题，充分体现了二分院科研人员自力更生、勇于创新的精神。后来面对苏联专家撤走等困难，二分院科研人员按照“自力更生，发愤图强，破除迷信，解放思想，争分夺秒，千方百计，争取导弹早日上天”的要求，憋足了劲，成功研制出“争气弹”，用实际行动诠释了自力更生、艰苦奋斗的精神。这些最初的精神理念后来逐步提炼形成如今的航天精神。

20世纪50年代末，科研人员集思广益研究图纸

20世纪60年代，科研人员伏案绘图、利用早期设备演算

2. 二院是航天精神与文化的重要实践者和弘扬者

中国航天事业孕育形成的博大精神和先进文化，不但影响着每一个二院人的世界观、人生观和价值观，而且始终发挥着引领和指导二院空天防御事业伟大实践方向的作用。二院人始终将航天精神与文化镌刻在内心最深处，将其融入流淌的血液中，以铿锵有力的步伐践行着航天精神与文化。

在装备研制试验过程中，为确保其性能优越、质量可靠，往往需要经过各种恶劣环境的考验。从边陲到海滨，从大漠到海疆，二院人走南闯北，攻坚克难，奋斗到哪里，就将航天精神与文化传承弘扬到哪里，一路书写弘扬航天精神与文化的生动故事。可以说，航天事业越艰巨、航天实践越困难，就越能激发二院人弘扬航天精神与文化的思想动力。面对为国砺剑、打造国之重器的使命和责任，二院人迎难而上，无怨无悔，将弘扬和践行航天精神与文化当作制胜“法宝”，胸怀爱国之情，肩扛报国之责，刻苦攻坚，顽强拼搏，不断取得一个又一个胜利，推进航天事业实现跨越式发展。

3. 二院是航天精神与文化的重要发展者和创新者

中国航天事业走过的 60 多年，是航天精神与文化不断发展、不断丰富的过程。一代代二院人在推动航天事业发展的过程中，精神与文化不断得到丰富发展，与时俱进，具有鲜明的时代特征。

20世纪80年代，永定路工业区办公楼

20 世纪 80 年代初，改革开放推动航天事业实现大发展，也为弘扬航天精神与文化创造了良好的发展机遇。二院抓总研制“巨浪一号”及其上岸型号，并承担了第二代、第三代防空武器的研制任务……二院人充分发挥技术优势，全力以赴，自主创新，出色地完成了国家交付的任务。在此过程中，二院人刻苦攻关，忘我工作，胜不骄、败不馁，展现出了以苦为乐、迎难而上的精神，不断丰富和发展了航天精神与文化。

20世纪80年代，试验人员刻苦攻关，开展试验工作

今天，航天事业不断取得新成就，“神舟”往返、“天宫”建成、“嫦娥”探月、“天问”探火、“羲和”逐日……中国航天事业加速推进，航天精神与文化也不断丰富与发展，成为二院上下勠力同心推动空天防御事业发展的强大动力，并激励一代代二院人不断从胜利走向胜利。

第三节　航天精神与文化在二院体现的特质

60余年来，二院人把航天精神与文化作为履行航天使命之“源”，把坚持尊重知识、尊重人才，充分发挥各类人才的积极性和创造性，作为二院空天防御事业不断发展的关键所在，把坚持多学科集成、多部门协作，运用系统工程实施科学管理，作为二院空天防御事业不断发展的有效方法。这不仅是二院空天防御事业发展的宝贵经验，也是航天精神与先进文化在二院的特质体现。

一、忠诚爱国的政治品格

习近平总书记指出：“对每一个中国人来说，爱国是本分，也是职责，是心之所系、情之所归。”忠诚爱国作为贯穿于航天系列精神的主线和灵魂，在航天文化中居于核心主导地位。回顾中国航天事业60余年的艰辛探索历程，一代又一代深切眷念祖国的航天人以强烈的爱国心铸就了中华民族崛起的钢铁长城，为新中国的国防科技工业和航天事业发展创立了不朽功勋。他们为新

20世纪60年代，科研人员夜以继日忘我工作

中国所做的一切、创造的成就和奇迹连同他们的名字都值得每一个中国人铭记与怀念，并将永载史册。

1. 忠诚爱国的基本内涵

忠诚爱国，是中华民族根植最深、影响最久的文化品质，维系着中华民族的团结统一，激励着一代又一代中华儿女为祖国发展繁荣而不懈奋斗，是中华文明几千年发展和进步的重要力量源泉。对于二院人而言，忠诚爱国就是“用忠诚报效祖国，用爱国铸就航天”，始终坚持把国家利益放在首位，自觉把个人的理想与祖国的命运紧紧联系在一起，把个人的志向与民族的振兴紧紧联系在一起，矢志不渝、执着追求，为祖国的强大、民族的强盛和人民的幸福而拼搏奉献。

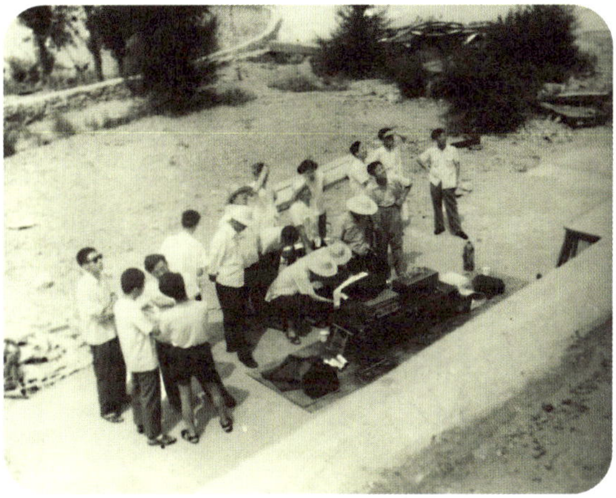

20世纪70年代，科研人员在艰苦条件下开展户外测试试验

2. 忠诚爱国的时代价值

回溯二院空天防御事业的辉煌历程，是一代代二院人不忘初心、拼搏进取，以国为重、敢于超越的光辉奋斗史，是他们让“东风”劲吹、“红旗”招展、“蛟龙”出海、“巨浪”震天……在社会转型期，二院人大力践行“自主、自立、自强”的“三自”精神，为空天防御事业未来的快速发展奠定了坚实基础。在事业腾飞期，二院人把忠诚之义、爱国之情、强国之志、筑梦之行统一起来，用实际行动诠释了强军首责的使命担当。

二院人的忠诚品格深深镌刻着爱国基因。二院人为国而生，始终把为国铸“剑”造“盾”视为对党忠诚、对中国航天事业的忠诚，把对祖国无比深沉的热爱化作为国争光、勇攀高峰的实际行动，推动空天防御事业取得了令人瞩目的新成就。面对时代的重任、严峻的内外部发展形势，忠诚爱国显得尤为重要。

二、自主创新的创新精神

关键核心技术对推动我国经济高质量发展、保障国家安全都具有十分重要的意义。从“1059”导弹仿制成功到多种“利剑”的出鞘，从“两弹一星”到载人航天、北斗、探月等重大工程，每一项科研试验、每一次科技突破，都是自主创新的伟大成果，创新精神是航天文化的活力所在，也是航天事业发展的动力所在。“越己者，恒越。”“越”字，凝结着二院人敢为人先的创新拼搏，“恒”字彰显了二院人勇于攀登的韧劲。

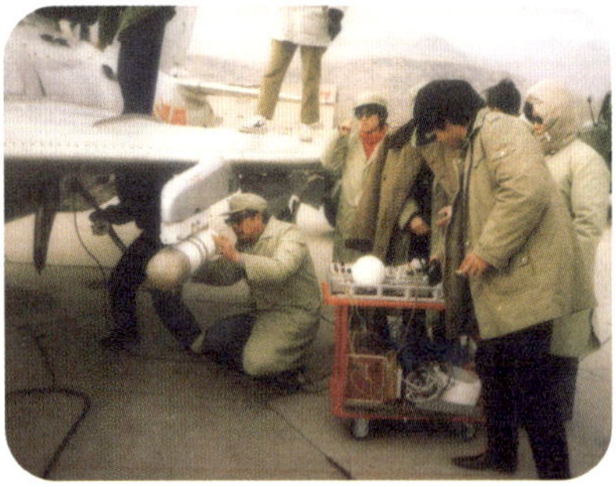

20世纪80年代，科研人员创新方法进行机载试验

1. 自主创新的基本内涵

自主创新是以人为主体，积极、主动、独立地发现、发明、创造的活动，是摆脱技术引进、模仿以及对外部技术的依赖，依靠自身力

量，通过独立的研究开发取得突破的活动。自主创新的赶超意识和行为，是中国航天事业发展的内在驱动力。正是由于这种内生的“原动力”，成为我国空天防御事业从仿制发展为自主研制、从“空白”发展为今天“主力军”地位的重要思想支撑、精神力量和文化源泉。

2. 自主创新的时代价值

中国空天防御事业发展史是一部自力更生、自主创新的奋斗史。自建院起，二院人自力更生、艰苦奋斗，攻克了无数技术难关，突破、掌握了一系列具有自主知识产权的核心技术，走出了一条从仿制到自行设计的自主创新发展我国导弹事业的成功之路。

今天，二院深入实施创新驱动发展战略，把科技命脉牢牢掌握在自己手中，推动实现高水平科技自立自强，不断提升打造空天防御国之重器的独立性、自主性、安全性，为有力推动重大工程任务攻关，为抢占科技发展国际竞争制高点、构筑二院发展新优势提供有力支撑。星空浩瀚无比，探索永无止境，只有不断创新，才能更好地走向未来。自主创新已经成为航天精神与文化最鲜明的特征。

三、严慎细实的工作作风

习近平总书记指出弘扬航天精神“三个保持”的基本要求：要着力弘扬优良传统，加强思想政治建设，保持自力更生、艰苦奋斗的革命干劲，保持创新超越、勇攀高峰的事业追求，保持严慎细实、精益求精的工作作

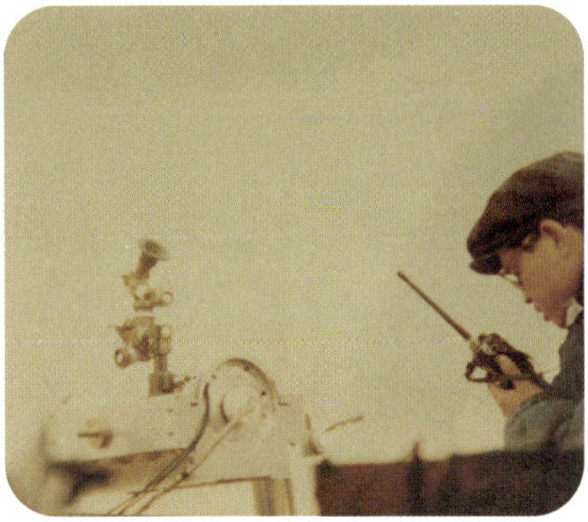

20世纪60年代，科研人员全神贯注协调工作

风，为建设航天强国再立新功。这是新时代弘扬航天精神的基本要求，也是对新时代大力践行航天严慎细实工作作风内涵的深刻阐述。

1958年，科研人员精心研制我国首台小型数学计算机

1. 严慎细实的基本内涵

严慎细实作为航天精神的重要内容，是科学技术工作内在规律的要求。尊重科学精神是航天工作者必备的工作态度和作风。在航天事业的伟大实践中，坚持严慎细实的工作作风，就是要始终高标准、严要求，以严谨的作风、审慎的态度，关注细节、务求实效，大力培育严谨的精细化管理理念，倡导精益求精、追求卓越的工匠精神和敬业精神，确保航天产品高质量。经过 60 多年的科研实践，严谨细致、质量至上、精益求精、追求卓越等理念已熔铸为航天人的一种坚定信念，成为实现航天强国的重要支撑。

2. 严慎细实的时代价值

回看 60 多年的航天事业发展，严慎细实的工作作风产生并运用于航天事业的伟大实践，为中国导弹研制工作逐步走向正规化发挥了重要作用。同时，航天人在研制试验工作中把提高工程安全性和可靠性作为重中之重，始终坚持把工作热情与科学态度相结合，把开拓创新与求真务实相结合，坚持不懈地严格要求、严格管理，持续不断地研究新情况新问题，与时俱进地把握新特点新规律，以严慎细实的作风为航天事业的发展奠定了坚实基础。

今天，随着工业革命的发展，特别是工业4.0时代的到来，中国由制造大国走向制造强国，更要不断锤炼严慎细实的工作作风，遵循爱国、创新、求实、奉献、协同的科学家精神，培育以卓越为追求、以精益求精为内核的工匠精神，激发全员崇尚科学、探索未知、勇于创新的热情，树立高度的事业心和责任感，以高质高效的工作质量，全力打造高质量、高可靠的产品，持续提升产品竞争力和影响力，推动航天事业实现高质量发展。

四、大力协同的自觉意识

中国航天事业是在大力协同精神的推动下发展起来的。航天工程几乎涉及一切科学技术领域和国民经济部门，航天技术是现代各种科学技术的高度综合。同时航天工程系统复杂、协作难度大，只有组织大协作，大力协同，集智攻关，才可能实现。今天，经过60余年的创新发展，中国航天已从过去的“跟跑”为主，向“并跑”转变，部分领域甚至实现了“领跑”的跨越，走出一条中国特色的航天事业跨越发展之路，举国体制的大协同优势始终是中国航天事业发展的“王牌”。

20世纪60年代，科研人员协同配合推进工作

1. 大力协同的基本内涵

坚持大力协同，运用系统观念实施科学管理，是我国航天事业不断发展的有效方法。“大力协同”充分体现了我国社会主义制度集中力量办大事的独特优势，是取得“两弹一星”等成就的重要保证，是实现个体利益和整体利益最大化的重要原则。“有问题共同商量、有困难共同克服、有余量共同掌握、有风险共同承担”的“四共同”原则就是大力协同精神的生动体现。

20世纪70年代，试验队员齐心协力开展外场试验

2. 大力协同的时代价值

经过中国航天事业60余年的实践检验，航天系统工程被凝练成为一种高效的组织管理体系与方法，体现着一种社会主义大协作精神。大力协同本质上是社会主义大协作，是集体主义的大局观，贯穿于航天产品科研生产全生命周期。航天初创时期，举全国之力，大力协同，开创了中国航天事业，创造了“两弹一星”等奇迹。

现在，大力协同、万众一心、众志成城，已成为国防科技战线的优良传统。今天，航天强国的加快建设、世界航天大国地位的奠定，更需要各部门、各单位、各系统、各专业认真落实全国一盘棋思想，发扬大力协同精神，团结成一块坚硬的钢铁，心往一处想，劲往一处使，不断书写新的协同攻坚篇章。

2008年，青年突击队员开展志愿服务

五、无私奉献的担当精神

科学研究需要有坐冷板凳的精神，打造国之重器更是要隐姓埋名，甚至是“与世隔绝”。经过几代航天人的艰辛付出和默默奉献，在铸就我国航天事业辉煌成就的同时，无私奉献成为航天人永不磨灭的精神标识。几十年来，一代代航天人“干惊天动地事，做隐姓埋名人”，为航天事业发展呕心沥血，甘当无名英雄。这种无私无畏、无怨无悔、甘于奉献的精神是航天精神之魂，是引领航天人接续奋斗、攀登超越的精神支柱，是创造举世瞩目辉煌成就的航天大国磅礴伟力的力量源泉。

20世纪60年代，科研人员废寝忘食默默奉献

1. 无私奉献的基本内涵

航天人的无私奉献是热爱祖国、献身航天的人生追求，是青春热血与智慧汗水的无悔付出，是鲜花与掌声背后的默默坚守。对二院人来说，奉献是熔炉，不经高温冶炼，难以铸就锋利的宝剑；奉献是人生不可或缺的营养品，没有无私的滋养，就难有强健的筋骨。为此，要把“受命之日则忘其家，临阵之时则忘其亲，击鼓之时则忘其身”的精神作为践行强军使命的“座右铭”。

20世纪70年代，科研人员以苦为乐运输试验设备

2. 无私奉献的时代价值

中国航天的发展壮大离不开那些为之奋斗与奉献的先驱。在航天事业 60 余年的砥砺奋进中，无数航天人在打造大国重器、勇攀科技高峰的前仆后继中，奉献汗水和青春，有的甚至献出了热血和生命。他们以大无畏的献身精神和大公无私的忘我境界拼搏奉献，铸就了航天事业发展的坚强基石。

新时代，建设航天强国的使命与责任意味着无论世界怎么发展，奉献精神永不过时，奉献精神始终是航天人追求卓越的精神力量。新时代的航天人要在继承老一辈航天人甘于奉献的优良传统的同时，以“拓荒牛”精神创新奉献、以“孺子牛”精神实践奉献、以“老黄牛”精神诠释奉献，用实际行动赋予奉献新的时代内涵、新的精神境界。

六、薪火相传的育才传统

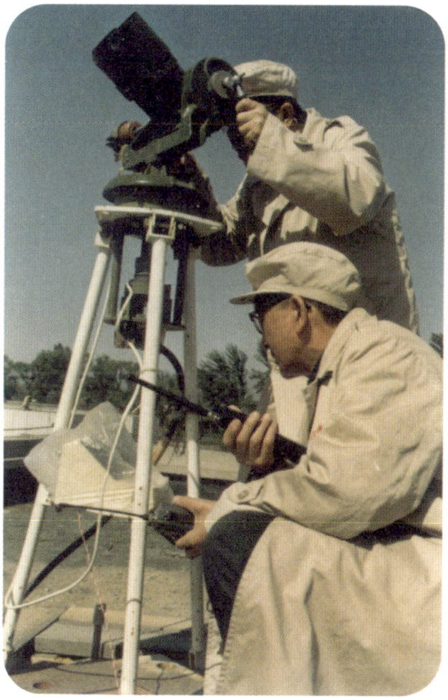

20世纪80年代，导师带徒蔚然成风

坚持尊重知识、尊重人才是航天事业不断发展的关键所在。一代又一代挚爱航天事业的科技英才和大国工匠，用热血和生命书写无限忠诚，他们播撒下的火种在无数人心中薪火相传，生根发芽。

1. 薪火相传的基本内涵

薪火相传，传的是技艺绝活，传的是技术知识，传的是精神文化。在二院60余载的发展进程中，空天防御事业的“薪”在老一代航天人手中点燃，经过“相传”，让“传承思想、传承文化、传承作风、传承经验、传承方法”的“火”在事业发展壮大过程中成为燎原之势。薪火相传保证了二院在创业初期和发展壮大过程中，逐步培养和锻炼了一支宝贵的人才队伍。他们不断践行、丰富着航天精神与文化的内涵，赋予其更具生命力的时代意义，让航天精神与文化薪火相传，激励一代代二院人勇往直前，为建设航天强国贡献力量。

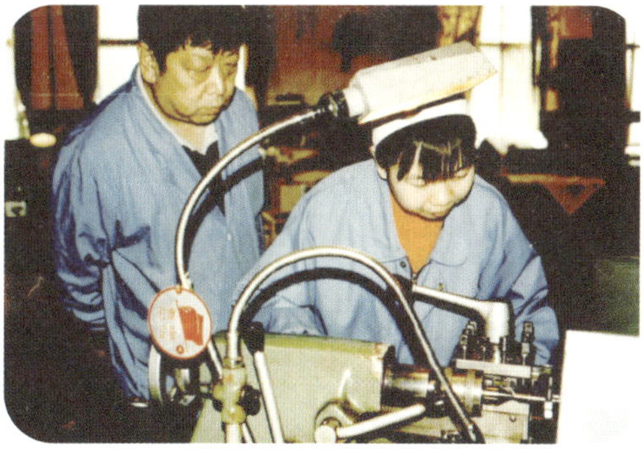

20世纪80年代，导师在机床前指导徒弟

2. 薪火相传的时代价值

中国航天事业创建初期，在党的领导下，以钱学森等为代表的一大批海外知识分子，放弃国外优渥的生活和丰厚的待遇，积极投身到新中国的航天事业，为取得“两弹一星”等举世瞩目的成就建立了不朽功勋。

今天，面对新机遇新挑战，人才的重要性日益凸显，薪火相传的人才队伍对于建设航天强国而言显得尤为重要。我们必须以更加强烈的人才意识、更加鲜明的用人导向，厚植人才发展沃土，为培养造就一大批拥有全球影响力的科技大家、具有深厚系统工程底蕴的工程大师、掌握世界先进制造技术的大国工匠和具有国际视野与战略思维的企业家，汇聚起实现航天梦的人才伟力。

第三章

运用系统工程方法弘扬航天精神、加强文化建设

航天精神与文化是在长期实践中逐步形成和积淀起来的，是维系企业生存和发展的源动力。二院作为我国国防科技工业和国防现代化建设的中坚力量，既肩负着“科技强军、航天报国”的神圣使命，也承担着国有企业保值增值、实现高质量发展的职责。面对前所未有的机遇和挑战，弘扬航天精神、推动航天文化建设是更好地履行职责使命的重要途径。

二院高度重视航天精神与文化建设，创新运用系统工程的方法，建立了二院企业文化四维体系，充分发挥其“内聚力量促发展、外树形象建品牌”的作用，形成了包括内容维、母子维、对象维、时间维的四维企业文化建设架构。四个维度的文化建设相互联系、相互作用、相辅相成，形成了纵向联动、横向互动的全方位、立体式文化建设格局，有力支撑了二院高质量发展。

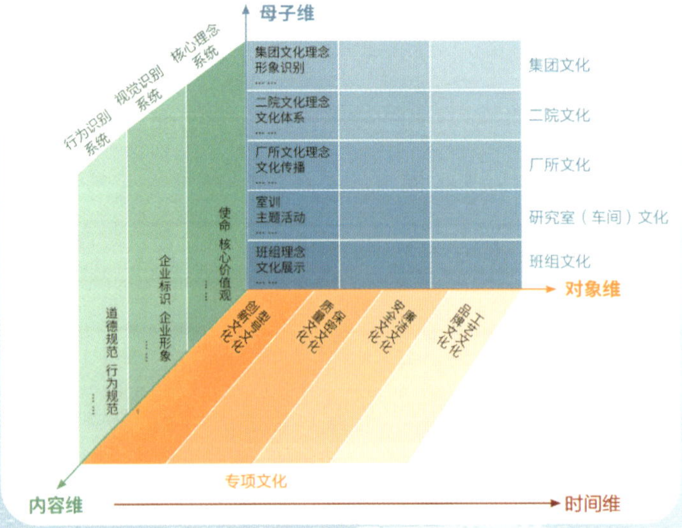

二院企业文化四维体系

第一节 内容维建设

内容维建设包括核心理念系统建设、视觉识别系统建设、行为识别系统建设。三方面相辅相成充分发挥文化的导向、凝聚、激励、约束、辐射功能，在弘扬航天精神、传播航天文化、提升二院形象方面发挥作用。

一、核心理念系统

核心理念系统是二院为实现企业价值目标，在科研生产和经营管理中形成的共同理想和价值追求。二院立足于60多年来航天发展历史的文化底蕴，秉承航天科工“科技强军、航天报国”的企业使命，“国家利益高于一切”的核心价值观，“求实、创新、协同、奉献”的企业精神，“严慎细实”的企业工作作风等核心文化理念，总结提炼“有矛必有盾”作为发展哲学，培育弘扬黄纬禄精神，提出了二院业务文化、型号文化和团队文化，极大地丰富了二院核心理念系统的内涵。

信仰坚定的二院人

1. 核心文化是企业文化中最深层的内核，体现了企业的文化理想和精神高度

二院以“自力更生、艰苦奋斗、大力协同、无私奉献、严谨务实、勇于攀登”的航天传统精神，“热爱祖国、无私奉献、自力更生、艰苦奋斗、大力协同、勇于登攀”的“两弹一星”精神，“特别能吃苦、特别能战斗、特别能攻关、特别能奉献”的载人航天精神为核心，坚持“有矛必有盾”的企业发展哲学，“有问题共同商量、有困难共同克服、有余量共同掌握、有风险共同承担”的“四共同”原则，“忠诚报国、献身航天，攻坚克难、勇攀高峰，团结协作、集思广益，淡泊名利、无私奉献”的黄纬禄精神等二院核心文化，成为企业的精神支柱、力量之源。

2. 业务文化是各业务部门根据自身业务，创造性地提炼形成的文化，体现了企业管理工作的规范和完善

二院的业务文化有“质量是政治、质量是生命、质量是效益”的质量文化，“以人为本、预防为主、安全发展、本质安全”的安全文化，“国家利益高于一切、保密责任重于泰山”的保密文化，“公平、正义、廉洁、和谐”的廉洁文化和“以工艺求质量、以工艺促进度、以工艺出效益”的工艺文化等，涉及二院各个领域的精神与文化。业务文化随着时间的发展，不断地丰富完善，不仅促进了业务工作的提升，同时也成为二院企业精神文化建设的重要组成。

3. 型号文化是在二院各型号研制过程中，两总带领团队不断丰富和发展形成的文化理念，体现了企业科研生产中心工作的精神导向

二院的型号文化有“团结协作、勇克难关、拼搏奋斗、争创

型号团队风采

一流、胜不骄、败不馁”的重点型号精神，“坚忍不拔、勇于担责、拼搏奋进、甘于奉献、敢打必胜”的“铸剑人”型号精神，“求实、高效、创新、超越”的“天盾”型号精神，“忠诚、执着、创新、亮剑”的“御天长剑”型号精神，“众志成城、只争朝夕、迎难亮剑、敢打必胜”的“扼禽猛龙”型号精神，“团结协作、善做善成”的“蓝海神盾”型号精神，“勇担当、善攻关、甘奉献、能战斗”的“舰船宝甲”型号精神和“做用户的引导者、做质量的守护者、做创新的实践者、做国际一流品牌的实现者”的“飞龙神剑”型号精神等。随着二院型号的不断发展，型号精神的内涵也在不断丰富，同时也影响并带动了一大批型号的发展，各个型号团队也陆续提出了自己的精神表述，激励了一个又一个型号取得巨大成功。

4. 团队文化是承担一定任务的团队在完成任务过程中，根据工作特质总结出的团队文化，体现了企业团队勇挑重担、共担风险的大局观

高原试验攻难关

二院的团队文化主要有“海拔高斗志更高、缺氧不缺精神”的高原试验队精神，“雷达相伴走天涯、勇立潮头续辉煌”的雷达团队精神，“让青春在无私奉献中闪光、让热血在突击队旗下沸腾”的青年突击队精神，“科技强警我争先、航天安保我奉献”的安保团队精神，“战无不胜、攻无不克、开拓创新、一往无前”的交会对接团队精神，“为人民守护健康、为生命保驾护航”的0324专项任务团队精神等。

戈壁深处摆战场

在航天产品的研制过程中，团队文化随处可见，团队为了一个共同的目标，集智攻关，奋力拼搏，不管是主角还是配角，总是争挑重担，共担风险。正是依靠这种团队精神，二院的各项任务才能在短时间内取得突破，取得了一个个令人瞩目的辉煌成就。

二、行为识别系统

行为识别系统以员工行为准则为基本规范，规范各单位和各类员工的行为。开展企业文化建设，既需要精神文化的引领，又需要行为准则的规范，精神文化建设是通过主体自觉认同实现价值引领，而行为识别系统建设是通过制度来发挥约束作用，是文化建设体系中必不可少的基础要素。

二院高度重视行为识别系统建设，建立了企业文化组织保障机制、示范带动机制和考核评价机制，通过三个机制，体系化推进企业文化落地。

1. 建立组织保障机制

二院企业文化建设由单位领导、企业文化部门、各职能部门和基层一线组成组织机构，与科研生产中心工作“同计划、同部署、同检查、同总结、同考核”。建立和完善院属各单位党政一把手是文化建设第一责任人、党委工作部门负责组织实施、各业务职能部门分工负责的“三位一体”的文化建设领导机制，推动企业文化建设从二院战略层面逐级分解，形成主管部门负责组织、职能部门分工落实、全体员工广泛参与的工作格局。

2. 建立示范带动机制

在推进文化建设中，二院坚持试点先行、指南引路、示范带动、总结推广、持续改进，推动文化建设有序开展。制定了《二院企业文化建设指南》《二院专项文化建设指南》《二院幸福文化建设指南》等十余项文化建设指南，为二院及院属各单位开展企业文化建设提供了具体的方法途径；通过院属单位申报、听取汇报、现场审核等方式，评选多家单位为“二院企业文化示范单位”，在全院广泛推广做法和经验；大力推进“指南引路—试点先行—示范选树—专题研讨—总结推广—选树典型—持续推进”的企业文化建设示范带动机制。

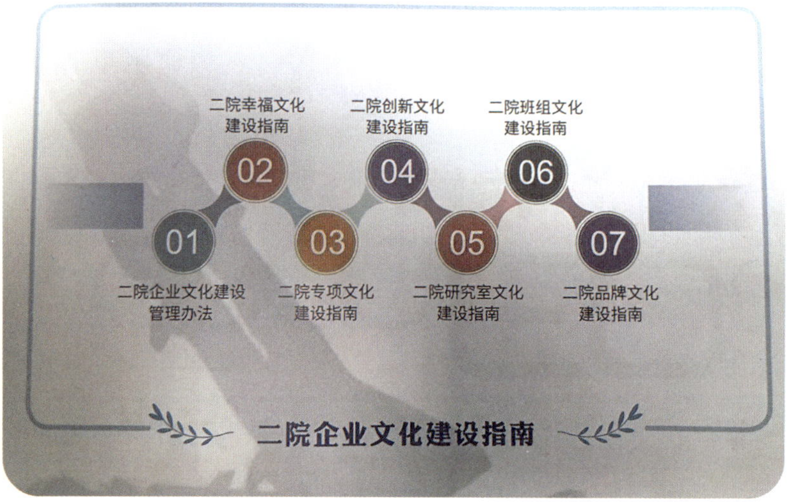

2012年，二院形成一系列企业文化建设指南

3. 建立考核评价机制

在推进文化建设的同时，对企业文化建设工作进行考核评价，坚持平时考核与年度考核相结合，报送自评报告与组织现场考核相结合，促进文化建设持续改进。明确将各单位企业文化建设工作考核结果纳入综合考核，建立二院企业文化建设考核评价指标体系，全方位、立体式地为文化建设工作提供自我评价的科学方法和改进提升的明确路径。

三、视觉识别系统

视觉识别系统由航天科工统一建立，二院遵照执行，包括标识、中英文名称、标准字体、标准色、核心组合规范、应用规范等，具体以航天科工印制的《形象识别执行手册》为准。二院执行手册中的各项要求，统一树立中国航天科工对外整体视觉形象，在重要建筑的外观和内部装饰、产品及形象广告、展览、产品包装与办公用品设计等都严格征求企业文化主管部门意见。

企业形象核心要素由标识、中英文标准字体及标准色构成，是整个企业视觉传达与形象标识的核心。科学严谨的设计规范，可确保标识图形与品牌形象在传播中的正确一致，从而建立起清晰统一的企业视觉形象。

1. 核心要素规范

航天科工标识标准图形与标准色彩：

航天科工标识的黑白表现标准图形：

航天科工标识单色应用规范：

2. 核心要素组合规范

航天科工标识与二院中文组合：

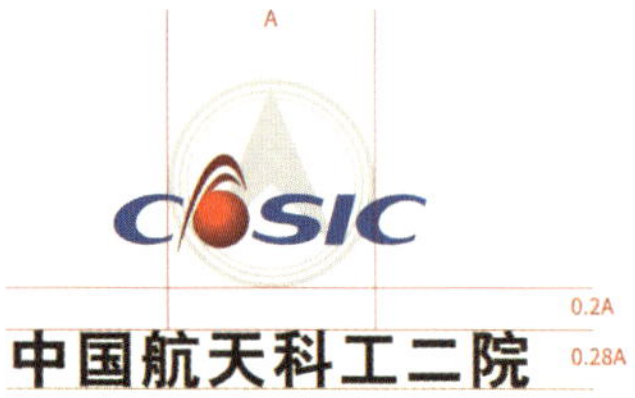

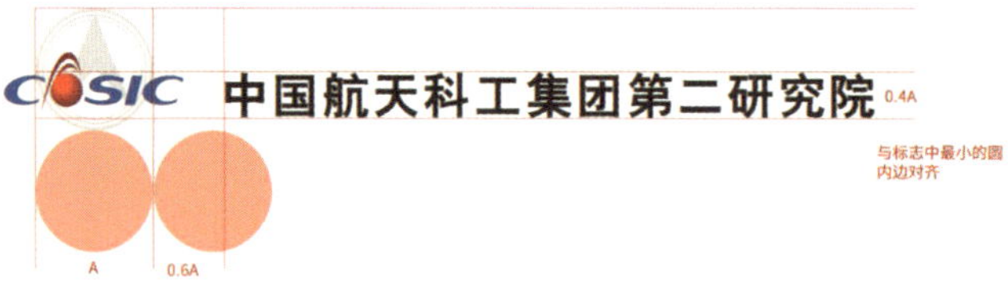

第二节 母子维建设

母子文化中，母文化是子文化的源头、基础和基因，决定着子文化的内容、结构和发展方向。子文化是母文化在基层的丰富化和差异化，是对母文化的积极补充和具体表现。

二院在开展母子维度文化建设时，一方面按照航天科工母文化构筑整齐规范的价值观、经营理念和企业精神等，从而保障二院沿着既定的战略方向发展，另一方面也大力尊重包括厂所文化、研究室文化、车间文化、班组文化等子文化的差异性，在保持与航天科工、二院的核心价值观基本一致的前提下，发挥子文化的独特优势，从而形成独具特色的子文化。

一、母文化的传承弘扬

一部中国航天 60 多年波澜壮阔、大气磅礴的创业史、奋斗史，也是伟大航天精神与文化的孕育史、传承史。航天科工秉承“国家利益高于一切”的核心价值观，以“科技强军、航天报国”为企业使命，“求实、创新、协同、奉献”为企业精神，“严慎细实”为企业工作作风，二院自觉把航天科工母文化传承弘扬好，在企业核心价值观、企业使命、企业精神、企业工作作风等核心文化方面与航天科工保持高度一致。在秉承核心文化的基础之上，创新性地丰富和发展核心理念系统，总结提炼“有矛必有盾”作为发展哲学，体现了二院的价值取向和精神志向，形成“忠诚报国、献身航天，攻坚克难、勇攀高峰，团结协作、集思广益，淡泊名利、无私奉献”的黄纬禄精神，体现了二院老一辈航天人高尚的精神境界，二院文化内涵向深延展，构建了独特的企业精神内核。

1. 二院发展哲学：有矛必有盾

二院通过60多年的发展实践，为型号的研制生产和企业的持续发展储备了成熟的科研队伍，提供了创新的研究思路，搭建了日益成熟的配套协作体系，并有力地验证了“有矛必有盾”发展哲学，充分体现出“有矛必有盾”发展哲学穿透时空的感染力和号召力。

（1）“有矛必有盾”的提出

1957年10月，毛泽东参加苏联十月革命40周年庆典之际，观看苏联研制原子弹、氢弹等尖端武器的纪录片时说：“我看矛和盾总是同时产生的，有矛必有盾呀！”毛泽东从哲学高度提出“有矛必有盾”思想。1964年2月6日，毛泽东邀请钱学森到中南海菊香书屋谈话。在谈话中，毛泽东提出“有矛必有盾。搞少数人，专门研究这个问题。五年不行，十年；十年不行，十五年，总要搞出来。”

后来，二院党委将“有矛必有盾”确立为二院的发展哲学。

（2）“有矛必有盾”的内涵

“有矛必有盾”体现了二院的价值取向。二院型号的发展历史进程，正是“有矛必有盾”思想的实践进程。“有矛必有盾”从根本上阐释了二院作为国家空天防御技术总体研究院的战略意义，奠定了二院国之重器的重要地位。

“有矛必有盾”体现了二院的目标导向。“有矛必有盾”指引了二院的发展理念。建院以来，二院坚持自力更生、艰苦奋斗，走出了一条从仿制到自行研制和自主设计发展我国导弹事业的成功之路，实现了由防空领域向空天防御领域的转型升级。

“有矛必有盾”体现了二院的精神志向。“有矛必有盾”激励了二院人敢为人先的创新精神、矢志不渝的拼搏精神。在二院的发展历程中，不论面临多大的困难，二院人始终顽强拼搏，无畏前行，战胜了很多艰难困苦。“有矛必有盾”鼓励我们虽然难点多、困难多，但有问题就有对策，有困难就有办法，再难的事对二院人来说，都会得到解决。

2. 新时代的精神丰碑：黄纬禄精神

黄纬禄将他的全部心血奉献给了中国的导弹事业，与第一代航天人共同开创了中国导弹研制的历史。他大力倡导航天系统工程中“四共同”原则，与战友们共同践行“两弹一星”精神，奏响了一曲“忠诚报国、献身航天，攻坚克难、勇攀高峰，团结协作、集思广益，淡泊名利、无私奉献”的精神赞歌。

晚年的黄纬禄深入试验一线

（1）黄纬禄精神的提出

戎装的黄纬禄

黄纬禄，生于1916年12月18日，安徽省芜湖市人，中国航天事业的开拓者，著名火箭与导弹控制技术专家，“两弹一星”功勋奖章获得者，中国科学院资深院士、国际宇航科学院院士。黄纬禄长期从事火箭与导弹控制技术理论与工程实践研究工作，对导弹研制过程中重大关键技术问题的解决，大型工程方案的决策、指挥及组织实施发挥了重要作用，开创了我国固体战略导弹先河，为我国导弹技术发展奠定了重要基础。他成功领导和主持研制我国第一枚潜地固体战略导弹、第一枚陆基机动固体战略导弹，突破了我国水下发射技术和固体发动机研制技术，填补了我国固体战略导弹技术的空白，获得国家科学技术进步奖特等奖。他探索出了一条我国固体火箭与导弹发展的正确道路，为中国航天事业作出了卓越贡献。

2011年11月23日，黄纬禄院士走完了他95年的辉煌人生，离开了他以生命铸就的导弹事业。他走了，留给人们的不仅是无限思念，更是一种精神财富。二院党委下发《关于开展“黄纬禄精神”学习活动的通知》，首次概括提出了黄纬禄精神。

2012年1月31日，航天科工党组下发了《关于广泛开展向“两弹一星”元勋黄纬禄同志学习活动的通知》，进一步提炼了黄纬禄精神。

2012年3月29日，中共中央组织部、国资委党委和中央企业创先争优活动领导小组联合发出《关于开展向黄纬禄同志学习活动

黄纬禄在专注开会

的通知》，概括了黄纬禄精神的内涵，要求各中央企业深入开展向黄纬禄同志学习活动，将黄纬禄同志树立为时代先锋。

随之，全国各地掀起向黄纬禄学习的热潮。随着学习、宣传的不断深入，黄纬禄精神也得到了进一步发扬、丰富，最终，黄纬禄精神提炼概括为“忠诚报国、献身航天，攻坚克难、勇攀高峰，团结协作、集思广益，淡泊名利、无私奉献”。

（2）黄纬禄精神的内涵

忠诚报国、献身航天，诠释了“国家利益高于一切”的核心价值观。黄纬禄把对党的无限忠诚和对祖国的深深热爱都倾注于中国导弹事业，始终坚持“国家利益高于一切”，始终把个人理想和祖国命运紧紧联系在一起，始终把完成国防装备建设任务作为首要职责，忠于职守、忘我工作、献身航天、奋力拼搏，用全部生命写就导弹人生。

1970年夏，黄纬禄和队员们在南京长江大桥做试验

晚年的黄纬禄在去试验场的火车上读报学习

攻坚克难、勇攀高峰，成就了中国导弹事业的辉煌。中国导弹研制从仿制开始，可谓一穷二白，黄纬禄和他的战友们没有丝毫退缩。他不畏艰难、勇挑重担，在“急难险重”任务前敢于负责、勇于担当，领导和主持研制出我国第一枚潜地固体战略导弹，第一枚陆基机动固体战略导弹，使我国拥有了二次核打击能力，铸就了“蛟龙”出水、“巨浪”冲天的历史丰碑，向世人充分证明：中国人靠自己的力量也能造出导弹来。

团结协作、集思广益，形成了航天系统工程管理的“四共同”原则。航天型号任务是高度集成的系统工程，涉及众多专业和领域，黄纬禄从不以专家自居，注重倾听和吸纳不同意见，统筹协调各系统、各专业人员的才智，共同攻克难关。因此他一贯主张让技术人员、行政干部、技术工人从各自不同的角度，充分发表自己的意见和看法，集思广益，取长补短。他倡导的“有问题共同商量，有困难共同克服，有余量共同掌握，有风险共同承担”的“四共同”原则，成为航天科研战线解决难题、协调问题的“法宝”。

黄纬禄与同事亲切交谈

淡泊名利、无私奉献，谱写了航天人的赞歌。黄纬禄始终将“严于律己、宽以待人”作为自己的人生格言。作为德高望重的老专家，他在试验基地与试验队员同吃、同住、同劳动，在使用单位给他配备的公车方面坚持私人外出不用车、接送亲友不用车、家人有事不搭车，三次拒绝了组织上为他调整住房的安排。面对各种奖励，黄纬禄总是礼貌拒绝。黄纬禄年事已高仍亲登讲坛为青年人悉心授课，即使身处病榻，他依然时刻关注着祖国的导弹事业，从未停歇。他说:“如果有来生，我还要搞导弹。”

二、子文化的落地实践

二院子文化落地建设，以航天科工、二院文化为母文化，围绕二院核心文化，在保持与母文化统一核心价值观的前提下，开展各具特色的子文化建设。

1. 子文化的内涵

子文化是相对于母文化而言的一种文化形态，子文化建设是把企业价值观深度融入处室、车间、班组，在保持与航天科工、二院统一核心价值观的前提下，尊重子文化的差异性，开展各具特色的企业文化建设。二院开展子文化建设坚持“一主多元、共享核心、统分有度、分层定位”的原则。

2. 子文化建设职责分工

二院子文化建设由院和院属单位企业文化和精神文明建设领导小组统一领导、党委工作部门牵头，领导小组办公室负责组织推进。处室、车间文化建设由处室、车间负责人具体组织实施。班组文化建设由班组长负责组织实施。院属各单位党委工作部门为子文化建设提供及时的指导和帮助，做好思想保障和宣传舆论引导，营造良好氛围。各单位其他部门积极配合，为子文化建设创造条件。

3. 子文化建设时机

子文化建设贯彻“五同时”的要求，即与相关工作“同计划、同部署、同检查、同总结、同考核”。处室、车间、班组文化建设与处室、车间、班组的科研生产工作同步开展，逐步完善。同时，收并购单位积极做好航天科工、二院核心理念的宣贯，并在此基础上开展子文化建设。

4. 子文化建设的主要内容

子文化建设主要包括提炼文化理念、设计 LOGO 标识、完善管理制度、建立行为规范、进行文化宣传展示、组织特色活动等内容。

提炼文化理念。子文化理念主要包括处室、车间、班组的价值观、精神、目标、口号等。子文化理念的提炼确定，可采取自下而上为主和自上而下引导的方式进行。二院鼓励子文化理念的丰富和创新。各处室、车间、班组充分结合自身特点，总结和提炼各具特色的文化理念。

设计 LOGO 标识。LOGO 标识能够最为直接地展示子文化理念，各厂所以下的处室、车间、班组可根据条件组织设计和展示。LOGO 标识设计突出个性，体现创意，并得到本处室、车间、班组职工的广泛认同。

完善管理制度。结合子文化建设，将本单位处室、车间、班组的管理制度进行整理和修订，进一步规范管理。子文化建设中的制度文化建设主要包括例会管理制度、现场管理制度、质量管理制度等。

建立行为规范。结合管理、生产、安全、6S管理等内容，加强行为规范，培育行为文化。定期组织培训，并创新培训模式，加强职工对行为规范的学习和实践。

文化宣传展示。二院积极组织处室、车间、班组进行子文化建设的宣传，利用本单位的各类宣传媒介进行子文化建设经验、成果的宣传展示。充分利用工作区域内可展示的空间，制作文化墙、文化展板、文化短片或以制作文化台历、文化鼠标垫等文创产品形式，展示子文化的特色和建设成果。

组织特色活动。将处室、车间、班组的特色活动固化，并形成特色的文化仪式。定期组织主题文化活动、主题宣讲、讲堂活动、文体活动，开展职工关爱、慰问等活动。

5. 子文化建设评估与改进

在子文化的建设过程中，院属单位企业文化和精神文明建设领导小组可根据情况对本单位子文化建设工作进行指导评价。二院对子文化建设情况的评估统一纳入对各单位的企业文化考核。各单位结合评估情况，制定指导性意见和针对性措施，持续改进本单位子文化建设。

通过推动一主多元、和而不同的母子文化建设，二院企业文化建设进一步落地落实。

第三节 对象维建设

对象维建设是指型号文化、人才文化、质量文化、保密文化、安全文化、廉洁文化、品牌文化、工艺文化等专项文化建设。专项文化是在日常业务工作、型号科研生产、临时重大任务等专项工作实践中产生的、被组织成员认为有效而共享的、共同遵循的价值理念、行为规范及行为方式。对象维文化建设要结合业务实际和特点，创造性地开展。

一、对象维建设职责分工

二院对象维建设由院、院属单位企业文化和精神文明建设领导小组统一领导、党委工作部门牵头，领导小组办公室负责组织推进。型号文化建设由院或院属单位型号负责人组织实施。保密文化、安全文化、廉洁文化、品牌文化、工艺文化等由院及院属各单位相应业务部门组织实施。院和院属各单位党委工作部门为文化建设提供及时指导和帮助，做好思想保障和宣传舆论引导，营造良好氛围。院和院属各单位其他部门积极配合，为对象维建设创造条件。

二、对象维建设时机

二院对象维建设贯彻“五同时”的要求，即与相关工作“同计划、同部署、同检查、同总结、同考核”。型号文化建设与型号研制生产工作同步开展，一般至型号取得重大进展时形成文化理念，以激励参研人员继续完成后续任务。业务文化建设与业务工作同步开展，并根据业务工作发展需要，进行修改、调整。

三、对象维文化理念提炼方法

对象维文化理念的提炼主要有三种方法。一是自上而下。贯彻上级要求并结合二院实际，由主要领导决策并明确相关内容，向职工进行传播。二是自下而上。广泛征集意见或开展摸底调查，对征集或调查结果进行汇总、分析、提炼，由单位领导研究确定，向职工进行传播。三是上下结合。贯彻上级要求、主管领导决策与广泛摸底调查、征求意见相结合，确定相关内容，向职工进行传播。

四、对象维传播

对象维的传播形式多样，要充分结合对象维文化的特点，因地制宜，采取合适的方式方法广泛传播，推动对象维文化深入人心，落地见效。

会议传播。由工作主管部门组织，通过各类会议、研讨、座谈、交流等形式向职工传播。

领导示范。发挥工作中各级领导干部的模范带头作用，带头宣贯、践行，感染带动职工。

媒体宣传。充分运用各类宣传媒体，集中声势广泛宣传，形成浓厚的文化氛围。

文化活动。组织开展型号阶段动员、誓师等活动；组织开展团队授旗、事迹宣讲、视频展示、文体活动等；组织开展业务工作推进年、宣传月、促进周、研讨、论坛、专题展览等活动。

推树典型。将对象维文化建设有亮点、有特色的单位、处室、车间、班组或个人，推树为文化建设的示范或先进，引领和带动对象维文化建设工作。

征集案例。征集能够体现对象维文化内涵的具体案例，可为诗歌、漫画、小故事、感悟、照片等，以生动、形象的方式用身边的事教育、感染身边的人。

编制手册。编制文化手册、成果文集、案例集、启示录、典型团队事迹集、人物格言等，将文化建设成果进行物化。

五、对象维建设评估与改进

在对象维建设过程中，责任部门或责任人监测评估建设过程及执行情况、落地效果，通过总结分析，及时发现存在的问题和短板，进而优化流程、改进措施，使文化建设更好地为中心工作服务。

第四节 时间维建设

时间维是体现文化建设随企业历史变革而发展变化的轨迹，体现了企业文化的传承与创新。二院和院属各单位紧紧围绕企业的发展战略，不断丰富和发展具有时代特征、先进和谐、奋发有为的文化建设，使之与企业发展形成良性互动，成为促进企业高质量发展的强大动力。

一、从自发到自觉，不断弘扬航天精神、加强航天文化建设

在建院初期，二院就重视文化建设。在 1958 年召开的第一次党代表大会上，工作报告中便提到了文化建设。在随后的发展过程中，“生在永定路，死在八宝山”等口号成为无数二院人的精神记忆。

建院初期的口号深入人心

到了20世纪80年代，航天传统精神提出后，二院通过组织开展形式多样的学习教育活动，令这一精神理念深入人心，广为传播。

20世纪80年代末，企业文化作为企业科学管理的新领域，在我国处于研究和倡导阶段，二院自觉肩负起弘扬航天精神、加强航天文化建设的责任，组织召开首次企业文化研讨会，提出开展企业文化工作的一系列建议。经过从理论探索到逐步实践，二院的文化建设取得了初步成效，企业精神、价值观念、经营哲学、行为规范等基本要素得到了广大职工的认同并物化在日常工作中。

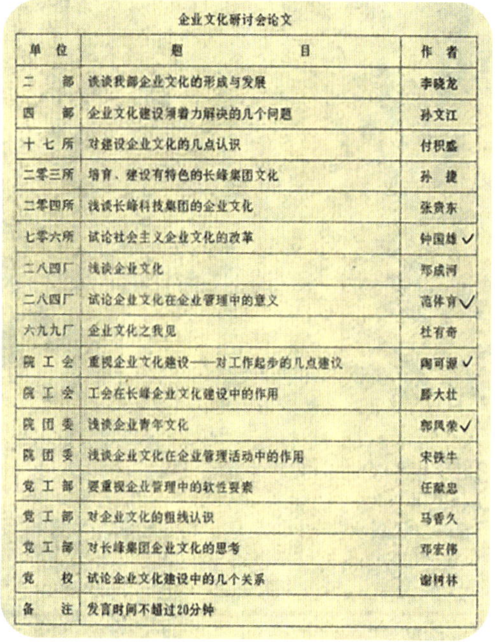

企业文化研讨会论文

单位	题目	作者
二部	谈谈我部企业文化的形成与发展	李晓龙
四部	企业文化建设须着力解决的几个问题	孙文江
十七所	对建设企业文化的几点认识	付积盛
二零三所	培育、建设有特色的长峰集团文化	孙捷
二零四所	浅谈长峰科技集团的企业文化	张贵东
七零六所	试论社会主义企业文化的改革	钟国雄 ✓
二八四厂	浅谈企业文化	邓成河
二八四厂	试论企业文化在企业管理中的意义	范体育 ✓
六九九厂	企业文化之我见	杜有奇
院工会	重视企业文化建设——对工作起步的几点建议	陶可源 ✓
院工会	工会在长峰企业文化建设中的作用	滕大壮
院团委	浅谈企业青年文化	郭凤荣 ✓
院团委	浅谈企业文化在企业管理活动中的作用	宋铁牛
党工部	要重视企业管理中的软性要素	任献忠
党工部	对企业文化的粗线认识	马香久
党工部	对长峰集团企业文化的思考	邓宏伟
党校	试论企业文化建设中的几个关系	谢树林
备注	发言时间不超过20分钟	

1989年，二院首次企业文化研讨会交流论文目录

1995年，二院编撰《1995—2000年企业文化建设规划》，第一次全面规划了二院未来五年文化建设工作，明确了文化建设的指导思想，提出了文化的发展阶段和不同阶段的具体做法。

随着20世纪末“两弹一星”精神的提出，21世纪初载人航天精神的提出，航天精神的内涵不断丰富。二院持续加强航天精神的传承弘扬，航天精神在二院人心中已经根深蒂固。这一时期，二院还提出了“三自”精神、“三高”目标和“二十四字”方针，这些精神与文化理念引导着二院广大职工开拓创新，勇攀科技高峰，取得了一个又一个显著成绩。随着形势的发展，二院在继承传统精神和文化的基础上，坚持经济建设与企业文化两手抓，进一步建立和完善了更能体现时代特征的先进的二院企业文化，把二院人的心凝聚到一起，引导大家以健康的心态、严谨的作风、科学的精神积极投身到二院的改革和发展建设中，为完成各项任务目标贡献自己的聪明才智。

2001 年，为进一步加强对院企业文化建设工作的领导，二院成立企业文化建设领导小组及办事机构，系统组织推进企业文化建设各项工作。2002 年，二院制定“十五”企业文化发展规划，明确总体设想、指导思想和规划目标，提出“十五”期间企业文化建化建设的主要任务。2003 年，航天科工提出“文化要化、亮点要亮”，将企业文化重点工作概括为“三同四好一推”①。二院按照航天科工总体部署，同步开展企业文化建设工作。

2011 年，航天科工发布形象识别执行手册。二院充分利用各种媒介和形式，进行了广泛宣传，并将企业文化建设纳入综合考核，对二院规范企业标识、树立整体形象、打造企业品牌、提升文化软实力具有重要意义。

二、运用系统工程方法，系统弘扬航天精神、加强航天文化建设

党的十八大以来，二院通过加大组织机构建设、强化系统策划、务实推进文化活动开展、完善规章制度等，系统弘扬航天精神、加强航天文化建设。

① 即同升一面旗（集团公司司旗）、同唱一首歌（航天科工之歌）、同树一个管理理念（“人制管理”思想），编好一本手册（企业文化简明手册）、用好一个中心（航天电视新闻中心）、拍好一部电视剧（讴歌航天辉煌业绩和航天人风采）、建好一支队伍（企业文化推进队伍），推出一个全面执行集团理念和企业形象规范的示范单位。

2012年底，围绕转型升级、二次创业的战略目标，二院强化对文化建设工作的领导，调整优化企业文化领导小组和办公室设置与职责，成立航天科工首家二级单位企业文化处，建起专职企业文化管理队伍。

二院探索运用系统工程的方法，构建了二院特有的四维文化体系。在推进文化建设中，二院逐步形成“围绕一条主线、发挥两个作用、建立三个机制、抓好四个着力、搭建五大平台、推进六项落地”的企业文化体系建设之路。围绕一条主线，即运用系统工程的方法推进企业文化建设。实现两大目标，即企业文化建设实现内聚力量促发展、外树形象建品牌的目标。一是纵向联动，各单位逐步建立包括厂所文化、研究室（车间）文化、班组文化在内的规范化、制度化的多级文化建设体系，使文化上下贯通、贯彻到底。二是横向互动，在核心文化的基础上，以各业务主管部门、型号和团队负责人为责任主体，结合各自工作领域开展业务文化、型号文化、团队文化建设，形成丰富的企业文化体系内涵。建立三个机制，即建立组织保障机制，形成主管部门负责组织、职能部门分工落实、全体员工广泛参与的工作格局；建立示范带动机制，形成“指南引路－试点先行－示范选树－总结推广－持续推进”的良性建设之路；建立评价定级机制，完善文化建设的自我评价。抓好四个着力，即着力推进业务文化建设、研究室文化建设、特色文化建设、品牌文化建设，多方发力创新推进。搭建五大平台，即搭建传播平台，丰富院、厂所、基层三级文化传播网络，提升二院文化影响力；搭建联建平台，各单位、研究室、党支部及相关用户开展文化共建活动，共建优秀文化；搭建队伍建设平台，加强企业文化岗位人员专业培训和调研交流，提升业务能力；搭建研究平台，以政研会为依托，深化文化研究，形成优秀成果；搭建群众性文化建设平台，使职工在参与中满足精神文化需求。推进六项落地，即内化于心，提高干部职工对文化理念的认同感；外化于行，提高干部职工践行企业文化的自觉性；固化于制，完善相关管理制度，实现企业理念制度化；显化于物，通过多种载体，展示文化理念和建设成果；泛化于众，使优秀的文化理念为全体员工熟知和认同；进化于变，用发展的观点、创新的思维推动企业文化整合与创新。

二院系统推进文化建设以来，不断丰富特色文化理念，提出“铸就空天神盾，佑我中华圆梦”的理想追求，明确“有矛必有盾”的发展哲学，弘扬培育炼黄纬禄精神。在母子文化方面，院属各单位、一线研究室、车间100%提炼出文化理念。先后提炼出多个型号精神、高原试验队精神、安保团队精神等。结合业务工作开展，二院质量文化、安全文化、保密文化、廉洁文化等专项文化理念被职工广泛认同。

三、强化载体平台建设，提升航天精神与文化影响力

2016年“中国航天日”设立以来，二院进一步加强文化顶层设计，统筹策划、系统推进庆祝中国航天日系列主题文化活动的组织实施，大力拓展建设文化地标、文化阵地，编辑出版文化论著，有力促进了职工对航天精神与文化的认同，提升了航天精神与文化影响力。

二院持续开展庆祝“中国航天日”主题文化活动，组织院士讲堂、道德讲堂、事迹展览、文艺汇演、主题征文等多种活动，大力推进群众性文化创建活动，促进二院人传承、弘扬、践行航天精神与文化。

近年来，二院参与建成军事博物馆导弹馆，建设二院历史文化馆及成都分院文化展厅；建成“航天梦”雕塑、王净将军雕塑；编辑出版“空天”系列图书。这些独具特色的展示平台见证了二院文化建设不断创新推进的历程，成为系统展示航天精神与文化的重要载体。

近些年出版的“空天”系列图书

第四章

纵向到底，推动航天精神与文化落地生根

当一个企业已建设形成文化理念体系之后，除了要落实上级要求，加强本级的企业文化建设，还要推进下属企业的母子文化融合。母子文化建设要贯穿落实到各级下属企业，直至班组，实现纵向到底，落实落地。

母子维度的文化建设，是二院企业文化四维体系中的重要组成部分。二院在做好母文化建设的同时，大力推进子文化建设，着力抓好厂所文化、研究室文化、车间文化、班组文化建设，使二院文化建设纵向到底、落地生根。

第一节　厂所文化建设

企业要发展、要突破、要跨越，就必须培育优秀的企业文化。二院各厂所的文化彰显二院人一脉相承的价值追求和强军报国的使命担当，为各厂所高质量发展注入强劲动力和底气。

各厂所结合实际情况，突出特色、兼收并蓄、与时俱进，创新文化体系构建，形成以企业价值观、企业使命、企业愿景为核心，以企业精神为指引，以专项文化为基础的，具有厂所特色的企业文化体系。

一、厂所文化的基本内涵

厂所是二院所属单位，在秉承航天科工、二院文化的基础上，根据自身企业特点，形成了各具特色的厂所文化，丰富了二院的文化内涵。

厂所文化是二院四维文化体系中母子维的重要组成部分。近年来，二院大力推进厂所文化建设，院属各单位总结提炼了厂所文化理念，制定本单位文化建设规划，构建了本单位文化交流、传播、展示、研究等多种平台，营造出浓厚的企业文化建设氛围。

二、厂所文化建设的实践与成效

1. 建立工作机制

（1）组织领导机制

院属各单位企业文化建设一般由党委主管领导、党委工作部门（牵头负责企业文化建设）、各职能部门和基层一线单位组成组织机构。院属各单位组织机构完善、人员配备到位，企业文化建设工作与科研生产经营管理中心工作做到“同计划、同部署、同检查、同总结、同考核”，完善的考核评价标准，极大提高了各单位文化建设的参与度，各单位文化建设的实施效果良好。

（2）示范带动机制

在推进企业文化建设过程中，院属各单位坚持试点先行，发挥指南引路、示范带动、总结推广作用，持续改进、推动文化建设有序开展。近年来，随着二院和院属单位产业布局相继落地，“走出永定路，走向全中国”，院属各单位同收并购企业，同京外研发机构、生产基地之间的文化融合、业务协同是个新题，也是个难题。以 23 所航天南湖公司为例，23 所抓住文化融合这个“牛鼻子”，探索联动多方协同机制，在文化建设、战略协同、制度规范、市场共享、人才交流等方面做了大量探索性工作，取得了显著成效，相关内容在航天科工和二院进行经验交流，形成了良好的示范带动作用。

（3）考核评价机制

院属各单位在推进文化建设的同时，也同步对所属研究室、车间、党支部的企业文化建设工作进行考核评价，坚持平时考核与年度考核相结合，促进文化建设效果持续提升。二部出台《企业文化建设指南》《企业文化建设评价办法》等制度，指导所属单位开展企业文化建设。空间工程总体部通过开展问卷调查、现场调研等，广泛调查企业文化认同度，开展针对性的提升工作。各单位落实二院企业文化建设管理办法，将企业文化工作纳入基层党支部考核内容。有的单位不仅进行年度考核，还将其反映在月度支部考核中，进行评比通报，提升日常评价成效。

2. 推进文化实施

（1）进行文化展示

院属各单位通过建设航天文化展示阵地、党员教育基地、党建活动室，编制文化手册、故事集、成果集等，以丰富的方式展示文化成果、记录奋斗故事。二部新建红色原点雕塑、奋斗微笑墙、党员政治生活馆，增强文化代入感和沉浸感，为激发总体人担当强军首责提供精神指引。23 所建成初心文化园党员教育基地，创作《雷达人之歌》，编印《初心》《可亲可敬的航天雷达人》故事集。25 所制作建所精神展示墙、淬剑厅、《团结奋斗精导人》形象宣传视频等。208 所修订发布所史、《企业文化手册》，提炼 208 所特有的航

厂所企业文化手册

天基因和文化禀赋。699厂举办文化手册发布活动，调动全厂人员沉浸式感知、思考、理解全厂共同的文化。

厂所文化故事集展示

（2）组织文化活动

院属各单位注重加强爱国主义、航天传统文化教育，加强军工文化建设，全面建设“红色”档案库，激励全员继承和发扬航天精神、企业精神，完善企业文化理念，丰富企业文化内涵，培育具有鲜明时代特征和行业特色的文化元素。多家单位每年开展“不忘初心，牢记使命”“奋斗的青春最美丽”等主题分享。201所组织开展“身边的感动”道德讲堂，由职工讲述自己的故事，增强职工责任感和使命感。23所近年来持续打造党支部“三面墙”[1]，展示单位发展历程，记录班组建设成果，褒扬奋斗者事迹，并进行“三面墙”建设成果评选表彰，发挥示范带动作用。207所举办“目特之星”评选活动，树立文化榜样，营造人人争当标杆的良好氛围，起到了对内凝心聚力、对外树立形象的效果。

---

① 即：历史文化墙、班组建设墙、先锋榜样墙。

（3）开展文化交流

院属各单位加强对内对外企业文化交流力度，吸收和借鉴优秀企业文化建设有效做法，精心培育企业文化建设标杆，充分发挥榜样示范作用。二院多年来坚持“走出去、请进来”，带领全院企业文化人员走进国内企业文化建设优秀企业学习交流，邀请企业文化领域专家学者授课指导，充分学习借鉴好的经验做法，结合企业实际和特点，进行实践创新。283 厂借助全国班组管理论坛等平台，加强调研交流，推动班组建设和文化管理，曾获评中国企业文化建设与管理标杆班组荣誉。中天鹏宇公司积极参加新时代党建 + 企业文化学术与实践创新成果发布会，与参会的央企、国企、知名民企等充分交流学习，既展示本企业做法，也学习了解了同行业各具特色的企业文化新潮流新思路，先后获评“新中国成立 70 周年党建 + 企业文化实践创新 70 强”“新时代党建 + 企业文化实践创新标杆”等荣誉。

（4）加强文化研究

二院紧密围绕改革、发展、稳定的大局，不断创新政研工作的内容、方法、手段，全面推进文化研究工作。院属单位坚持理论研究、实践开路，及时总结企业文化建设过程中取得的成绩，涌现出一批理论水平较高、针对性较强的政研成果，并定期开展经验交流，相互借鉴，推动成果转化应用。各单位在上级政研会的领导下，积极组织参加政研课题立项、研究、评审、推广应用各环节活动，同时充分调动基层力量扎实开展文化研究，并不断创新研究方法手段，持续提升研究能力，形成高质量的研究成果。

（5）打造具有厂所特色的文创形象

文创形象对提升企业辨识度具有积极意义，二院各单位充分发挥创新意识，制作了一系列优秀的文创作品。空间工程总体部制作企业文化表情包。网络信息总体部制作“头狼”“乙狼”“小狼”表彰徽章。23 所开发“雷小达”系列文创作品，完成“雷小达”相关周边文创的版权注册。25 所创建系列主题“航小遥”卡通及周边。699 厂发布“航小新”企业 IP 卡通形象及毛绒公仔等。长峰新联公司对“移动餐车”统一标识、统一形象、统一新联餐饮服务品牌。智慧产业公司制作新颖的卡通形象，体现积极向上的企业精神面貌。航天长峰以活泼生动的蜜蜂形象寓意长峰人勤劳勇敢、奋斗不辍的德行品质，“航小峰”形象持续迭代升级，陆续出品了多种周边文创。

厂所特色文创产品

3. 加强文化传播

（1）会议宣讲

院属各单位结合中国航天日、院庆、厂所庆等时间节点，通过各类会议、讲堂、座谈交流等形式向职工传播企业文化。

（2）阵地宣传

院属各单位充分构建文化传播阵地，通过报纸、刊物、电视、网络等传统媒体和微信、抖音、视频号等新媒体，以及遍布各单位的电子屏、广告机和文化墙等各种载体平台，持续做好本单位文化理念、发展历程和成就、先进典型等的宣传。

（3）树立品牌

院属单位在中央主流媒体及省部级媒体开展宣传，同时以参与国家重大活动、重大工程为契机，宣传企业科技实力、创新成果，全面展示企业形象，扩大影响力。利用高水平展会和学术交流会议，为与会代表全面展现企业发展成就和综合实力。近年来，23所、25所、203所、206所、706所等单位的产品及服务连续保障载人航天工程，23所、航天长峰产品多次保障北京奥运会、北京冬奥会、杭州亚运会等重大赛事和全国“两会”等重大会议活动，树立了良好的企业品牌形象，提升了企业的文化影响力。

4. 加强队伍建设

二院高度重视企业文化人员队伍的培养，邀请专家定期讲授企业文化课程，组织二院企业文化师培训，全院数十人获国家“高级企业文化师”资格证书。

院属各单位选优配齐企业文化专、兼职工作人员，通过业务培训、技能竞赛、举办讲座等，不断提高人员业务水平和整体素质，培养了一支理论水平高、工作能力强的企业文化建设队伍。其中，二部、23 所、25 所等单位设置企业文化青年助理，加强对企业文化青年助理的培训和指导，取得良好效果。

三、厂所文化建设的时代价值

1. 厂所文化建设可有力推动企业高质量发展

文化兴，企业兴。二院各单位作为完成二院各项科研生产经营发展任务的责任主体，要实现企业高质量发展，为航天事业发展、航天强国建设做出自己的贡献，就必须大力弘扬航天精神，开展文化建设，进一步统一思想、坚定信心，凝聚全体干部职工的奋进力量。通过开展厂所文化建设，各单位干部职工进一步深刻理解航天精神与文化的时代价值，由此激发的凝聚力化作推动改革创新、强军履约、技术攻关、服务保障、队伍建设等各方面各环节的战斗力，以实实在在的成绩推动企业实现高质量发展。

2. 厂所文化建设进一步丰富了母子文化

创新在基层，二院各单位由于承担的任务、面临的形势等实际情况都存在很大差异，文化建设需在传承母文化的基础上，创新开展子文化建设，使文化建设各有特色，百花齐放。经过多年不断地探索、实践、改进、提高，厂所文化建设取得的宝贵经验、典型做法，已成为子文化建设重要的实践成果。总结提炼的文化理念、创新开展的文化活动，让二院的文化建设更加多元化，也为其他厂所开展文化建设提供了可操作性强、可借鉴推广的成功案例。

第二节 研究室文化建设

研究室作为二院的基层组织结构，是各厂所的重要组成，承担着完成各项发展任务和促进员工成长的重任，在推动企业文化落地中处于关键一环。

二院将研究室文化建设作为推动子文化建设、促进企业文化落地的重要抓手，制定研究室文化建设指南，按照“五同时[①]”原则，在秉承航天科工、二院核心文化理念的基础上，在推动发展的实践过程中，形成了具有鲜明特色的研究室文化。

一、研究室文化的基本内涵

研究室文化是二院四维文化体系中母子维的重要组成部分。研究室文化建设结合研究室特点，兼顾传承与创新，遵循文化的积累、传播和变革规律，形成了被研究室集体认同和遵循的价值导向、管理方法等，通过一系列直观可视化的媒介在处室内营造了良好的文化氛围，使职工在耳濡目染中感悟并认同航天精神与文化理念的深刻内涵。研究室文化是二院在创新运用系统工程的方法下开展文化建设所结出的丰硕成果。

① 同计划、同部署、同检查、同总结、同考核。

二、研究室文化建设的实践与成效

二院坚持“一主多元、各具特色”的原则，在统一的核心文化理念下，鼓励各单位结合工作特点深入推进研究室文化建设，提炼文化理念、设计文化标识、进行文化展示、开展主题活动，形成了具有二院特色的研究室文化。目前，全院研究室均提炼了文化理念，开展了丰富的文化建设活动，研究室文化建设百花齐放。

1. 党支部引领研究室文化建设

党的领导贯穿于企业改革发展全过程、融入科研生产经验管理和企业文化建设各环节。在二院统一的文化建设方针下，二院各单位党委坚持将企业文化建设纳入党建工作，各党支部将研究室文化作为支部党建工作的重要内容。党支部在研究室文化建设中具有引领方向、推动建设等重要作用，是研究室文化建设的责任主体。

二部一室党支部作为首批央企示范基层党支部，在研究室文化建设中坚持党建引领，开展“‘三彩’领航、融合‘铸盾’”系列行动。开展红色党性淬炼行动，提升研究室引领力，着力打造“四位一体”学习教育模式。立足“双向发力”深化思想教育，一方面，支部坚持理论武装同常态化长效化学习教育相结合，开展系列主题党日；另一方面，组织专题交流分享活动，促进集体统一思想凝聚共识。开展蓝色航天奋斗行动，

研究室文化展示

提升研究室战斗力，立足“我为企业破难题”，建立基于预先承诺的“岗田队”主动申报机制，推动优秀骨干自下而上带头承诺、主动作为；实施“自我超越”人才工程，打造“总体人才成长营”，集中讲授航天精神、研究室未来发展思考等内容，全方位强化员工专业知识理解和精神文化传承。开展金色阳光守护行动，提升研究室凝聚力，建立“三知四访五必谈”机制，促进研究室和党员群众心灵相通、同频共振；构建党政工团协同大保障体系，组建员工幸福守护团，增强职工群众的幸福感和满意度。

25所三室通过党史、航天史、院所史、部门及专业史的学习和总结，党支部深入挖掘蕴含其中的红色基因，提炼形成了三室精神理念，其核心是“传承红色基因、引领创新发展”。围绕该主题建立了“党建引领”和“专业创新”两大文化展示板块，制作了“研究室文化手册”，总体呈现三室文化建设的核心理念和成果，让广大员工充分了解研究室发展的变迁历程以及专业发展壮大的全过程，从而极大增强了广大员工的专业自信心以及专业自豪感，更加坚定了研究室坚定不移走专业自立自强的创新发展道路。

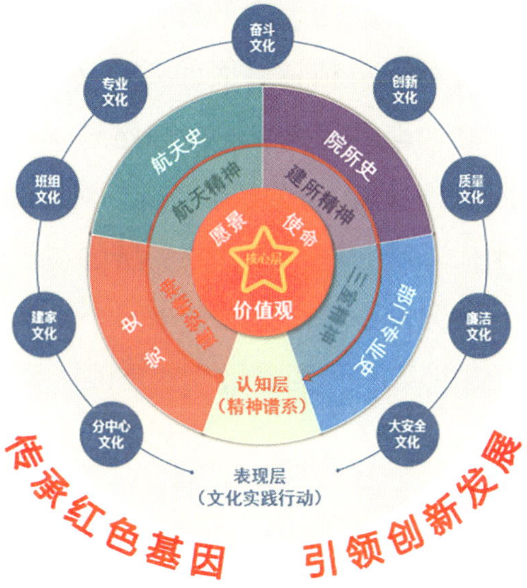

研究室文化实践行动图

研究室传承红色基因文化展示

2. 丰富研究室文化形象识别系统

研究室文化理念和标识LOGO是研究室文化最直观的体现，对内有利于将精神层面的要求转化为可视化的表达，使研究室成员更好地理解组织的使命和愿景，明确组织对他们的期望和要求，增强身份认同和团队凝聚力；对外通过传播文化理念与形象，有助于提升研究室品牌形象，增强组织的辨识度、知名度和美誉度，推动研究室持续发展和进步。

二部五室张奕群研究室是国资委首届央企楷模，始终心怀国之大者，在劳模精神指引下锻造出了“继承创新、严谨务实、和谐快乐”的航天特色研究室文化。研究室设计制作了独具特色的文化标识，其中四颗星代表劳模精神推动四型研究室建设，导弹、卫星代表研究室负责的导航制导与控制专业，整体寓意建设国际领先的空天防御控制团队，铸就空天长城。

研究室文化标识

空间结构技术部是空间工程总体部最早组建的业务部门之一，致力于打造有基础、有行动、有业绩、有精神、有活力的“五有”

部门。其部门文化理念是精益求精、百折不挠。部门工作作风是脚踏实地、锲而不舍。部门口号是铮铮铁骨，铸就中流砥柱；轻巧奇异，打造飞天神器。部门文化标识中，字母“M”代表“机械（Machine）”“机构（Mechanism）”与“力学（Mechanics）”，体现学科及专业特征。“M”的造型犹如一条指向空间产品的飞行轨道，象征空间产品冲天而起，寓意奋发向上的航天精神。

研究室文化标识

3. 打造研究室文化展示阵地

文化阵地是研究室文化展示的主要平台，二院各研究室历经多年的创建发展，逐渐探索建立了包含研究室交流间、走廊展板、板报手抄报、室歌室报等形式的研究室文化阵地，成为办公环境内一道亮丽的风景线。

201 所元器件可靠性事业部打造院级精品书屋“芯质未来”，倡导全民阅读，营造书香氛围。依托书屋组建诵读协会，不定期组织开展新书推介会、读书分享会等，围绕航天精神、文化建设等进行宣讲，促进职工养成良好的阅读习惯。在这样的文化熏陶下，近年来，多名职工获全国“书香三八”征文一等奖等成绩。

206 所应用物理技术中心在研究室文化建设中践行“一起用心

创最未来”理念，以创新为驱动，搭建“原点创客”创意空间，部门定期在此组织前沿技术研讨文化交流活动，分享学习心得与攻坚经验，不断提升专业知识素养，打造了一支充满活力、奋发向上的创新队伍。

研究室“原点创客”创意空间

706所中认公司以社会主义核心价值观为引领，以航天精神为根基，以“党建+企业文化+航天特色”为切入点，构建特色企业文化体系，并通过立体宣传格局，扩大企业文化影响力。创办航天中认《心梦》月刊，打造成为公司“弘扬杰出楷模精神、记录公司成长历程、服务公司经营发展、传播公司管理理念、承载中认企业文化”的重要平台，创作中认之歌《心梦》，制定中认公司清风公约，职工群众高度认可、自觉遵守。

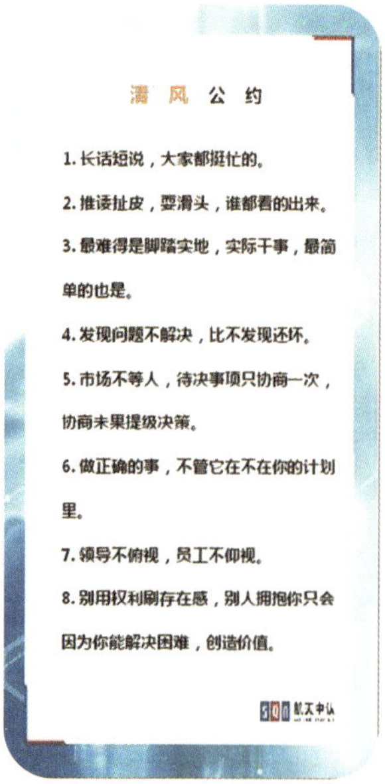

制作“清风公约”

编发《心梦》月刊

4. 让研究室成为雏鹰成长的沃土

青年是研究室建设的主力军和中坚力量，是研究室文化建设的参与者、传承人、弘扬者。研究室文化建设为职工提供了良好的学习和成长环境，有利于职工的全面发展和成长。

二部二室曾两度获评全国青年文明号。在研究室文化建设中，二室关注用文化引领青年的思想，引导青年坚决履行强军首责，组织青年开展“绘红色历史”“党史故事早读分享”“半月学”等党的二十大精神、党史学习活动；在走廊开设“理论学习”专栏，由青年节选习近平总书记金句进行展板、手抄报设计与绘制；开展“重走五四路”等行走的红色党课、“清风北京、廉洁文化”“北京——武汉——试验场三地同学”主题党日；室领导为新入职职工讲授研究室发展历程与文化，加强其集体归属感与荣誉感；坚持评选“废寝忘食”“不辞辛劳”等“总体人物”，并拍摄颁奖视频，提振研究室职工士气与凝聚力。

206所六室着力推进“新导师带徒”模式，双管齐下，打造航天企业优秀精英。六室党支部联合团委共同推出“专业导师+思想导师”新员工培养双导师机制，不仅可以有效缩短新员工入职的“磨合”期，而且可以把握新员工思想动态，加强人文关怀和心理疏导，通过“二帮一”的模式，促进新员工更快成长。

208所加强学习型组织建设，各研究室结合本专业和人才队伍建设需求，打造了情报“瞭望”讲堂、档案“兰台”讲堂、“劳模与青年面对面”、航天精神宣讲等讲堂学习交流活动。

三、研究室文化建设的时代价值

1. 把研究室文化转化为凝聚力，促进科研生产任务

研究室文化建设的起点和基础就是研究室的业务工作，促进工作的完成是文化建设的着力点。针对不同类型的研究室、承担不同性质任务的时期，通过建设针对性的文化，发挥文化导向、团结、激励、约束等作用，可以有效激发职工创新创造活力，有力促进科研生产任务完成，引领研究室长远发展。

2. 让研究室文化激发创造力，促进航天文化创新发展

研究室文化是航天精神与文化的一个缩影，能够让基层一线职工通过可观可感的研究室文化来更好理解、认同航天精神与文化。同时研究室文化也是航天精神与文化的有益补充，是航天精神与文化在新时代不断发展下的鲜活实践，有益于航天精神与文化内涵的不断创新与完善。

3. 让研究室文化发挥引领力，培养高素质人才队伍

文化的力量犹如春风细雨般润物无声，研究室文化对于职工的成长成才具有潜移默化的影响。明确的文化理念和价值导向可以为员工提供指导和方向，引领员工的行为和态度，进而培养员工正确的职业观念和行为规范，使他们成长为组织需要、发展所需的高素质复合型人才。

第三节　车间文化建设

车间文化是车间在长期生产经营活动中形成的职工共同持有的理想、信念、价值观、行为准则和道德规范的总和。通过建立共同的价值观，让车间职工形成统一思维方式和行为方式，可有效提高车间发展原动力，加强车间凝聚力，提升职工对于车间目标与制度等的贯彻执行力。

车间文化展示

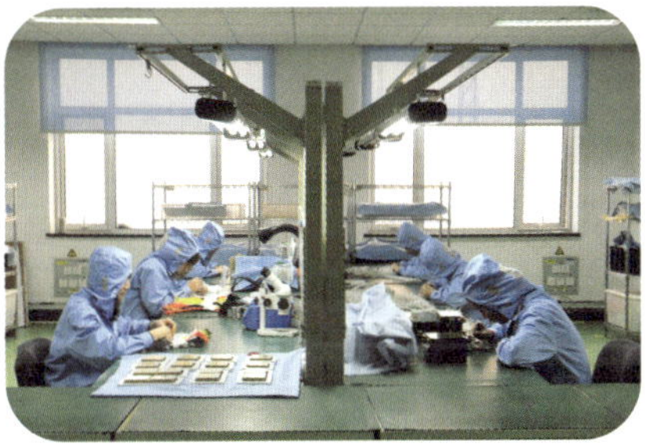

车间职工井然有序工作

车间文化是在长期的生产实践中形成的。好的车间文化能够引领打造车间坚强堡垒，努力营造车间的特色文化氛围，提升团队凝聚力战斗力，为企业转型和高质量发展赋能。

一、车间文化的基本内涵

航天企业所指车间一般包括各类调试部、装调部、组装中心、加工中心、分厂等承担产品生产任务的一级组织。建设车间文化，使企业和车间的目标、信念深深扎根于每个员工的心中，使航天精神与文化变成全体员工的共同信念，从而使全体员工产生强烈的使命感、荣誉感和责任感，自觉地把自身利益、工作职责和企业的整体利益联结在一起。

建设车间文化必须富有特色、个性鲜明。车间文化应表现出具有自己特色的个性文化色彩。车间文化不仅包含着与企业文化相同的价值观、行为规范，也有属于自己的独特的价值观、行为规范。

建设车间文化必须与时俱进、不断创新。车间文化是随着车间内外环境的变化而不断发展和完善的。只有通过不断的变革，摒弃不利于车间发展的习惯和管理方式，学习和利用有利于促进发展的管理方法和制度，在此过程中形成车间真正的文化，才能促进车间的不断发展进步。

二、车间文化建设的实践与成效

车间文化的建设，是伴随一个车间长期生产、经营、建设的过程，是根植于广大干部职工内心深处的自觉意识和行为，是无形的资产和精神财富。二院车间文化建设坚持“一主多元、各具特色”的原则，鼓励各单位结合工作特点深入推进车间文化建设，提炼文化理念，开辟文化展示区，开展文化主题活动，形成了具有二院特色的子文化建设系统。

1. 加强思想引领，聚焦主责主业，形成独具车间特色的文化体系和模型

各单位车间的使命、愿景、价值观等核心文化理念与院所一脉相承，同时加入了各自的文化理念、发展愿景等，形成各具特色的子文化建设模式，提炼归纳出各具特色的文化模型。许多车间都

根据自身特点，设计形象LOGO、提炼口号，采取更直观的形式展现车间文化内涵。

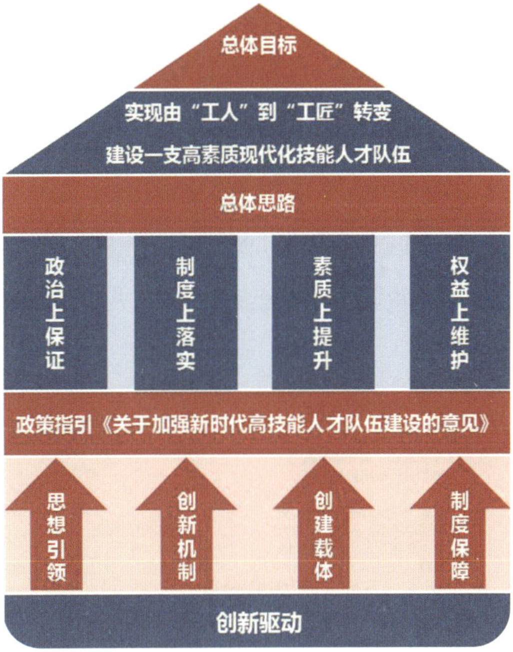

车间文化体系展示

25所装调部逐步形成了“争做一流员工，共造一流产品，同创一流团队”的文化理念。微组装中心在成立之初就确定了“团结、专业、品牌”的中心文化内涵，推动在职工中形成“工序协同、精益求精、质量至上”的思想共识。

206所车间按照“政治上保证、制度上落实、素质上提升、权益上维护”的总体思路，形成了由“工人”到“工匠”的浓厚车间文化。

706所车间的愿景是建设配料数字化、生产自动化、生产数据信息化、管理数字化的现代化生产制造车间，形成了“认真负责、奋进有我”的车间文化。

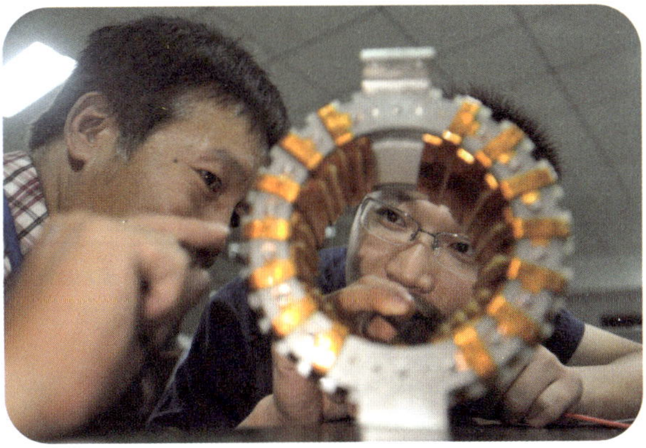
车间职工专注工作

283厂推进“一支部一特色一品牌”建设，打造了以“铁军”“尖兵”“先锋”“星光”“追光者”“排头兵”“新风快递”“家”文化等为代表的车间文化体系。其中，五分厂建设“一体两翼五落地”的现场文化建设模型，形成文化纲领并打造独具特色的追光者文化。在文化落地实践中，通过构建“灯笼模型”，建设质量诚信文化；通过鼓励“见贤思齐和打破常规”，建设创新文化；通过构建“空间站”模型，实现成人达己和团结协作的和谐目标。

车间文化体系及模型

2. 搭建平台，完善机制，创造车间内积极向上的文化环境

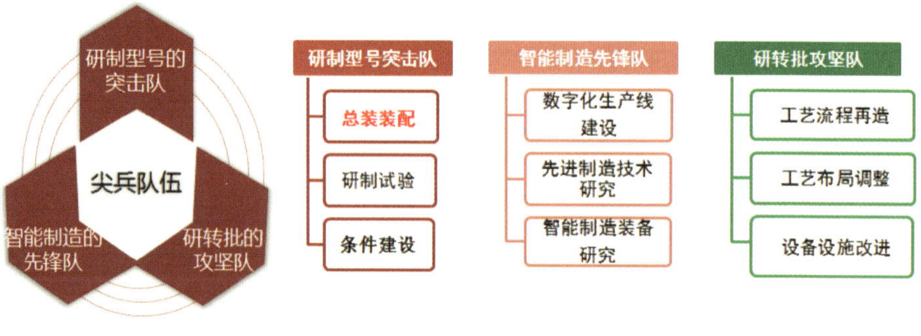

车间文化图解

车间职工精心操作

各单位车间聚焦主责主业，打造一流团队，将车间文化建设与制度完善相结合，根据各自业务特点，激发车间发展原动力。

25所装调部依托班组建设实施精细化管理，实现班组管理层级化、班组建设制度化、班组作业标准化等，着力打造高凝聚力团队；构建员工星级培养体系，定量考核员工各项技能达标情况，以考核为抓手按劳分配所得，永葆团队生机活力；建立常态化部门合理化建议机制，员工所提建议得到采纳，可以获得奖励，激发团队内驱力。

206所车间注重加强思想政治引领，将日常学习教育与航天精神传承相结合，开展了“工匠故事”小讲堂、班组小讲堂等交流活动，给技能人才队伍成长把好“方向盘”；注重创新成长机制，实施“理论＋实践”双提升工程，创建标准化课程库，实现一个高技能人才带动一批技能人才成长的“跃迁”模式，给技能人才队伍成长提供“土壤”；注重创建成长载体，建立了技能实训基地，开展技能比武，给技能人才队伍成长提供“平台”；制定技能人才成长路线图，建立健全技能人才基于“实效”和“实绩”的评价要素和分配制度，不断提升效率、提升自动化水平、提升产品质量，给技能人才队伍成长提供“保障”。

3. 注重先进典型引路，发挥典型示范带动效应

推树车间典型个人及团队，激发车间人员积极性，形成榜样带动良性循环的车间文化氛围。以“大国工匠”“技术能手”为榜样进行推树宣传。通过师徒传承等形式，促进签约师徒相互间沟通协作，提高职工在文化传承中的参与度，从而激发车间人员向榜样学习的积极性。25 所装调部通过企业文化墙、部门微信公众号、“我身边的榜样”展示等宣传形式，不断传承装调部“后墙不倒”的核心理念。

车间文化墙

充分挖掘部门文化内涵，推树典型，讲好部门文化故事。283 厂精密制造车间打造“树标杆学劳模，争优秀当先进”的劳模文化，造就了一批以马景来、曹彦生、常晓飞、曹彦文为代表的劳模，以劳模精神引领车间生产、经营发展、创新创效，为车间的可持续发展提供强大动力和精神支持。

4. 搭建青年人才成长平台，为科研生产培养生力军

车间是青年人才历练成长的重要平台，23 所四车间不断健全技能人才培养机制，依托车间培训中心、技能工作室，发挥工匠引领作用，形成“体系化、标准化、实用化”的人才进阶培养模式。

25 所装调部全面进行青年人才评估，明确员工能力水平，进行分类管理，挖掘潜能，因材施教，规划不同职业发展方向和晋升轨迹；通过开展“习语金句小课堂”，举办“百年共青风华正茂，筑梦航天奋斗有我”主题知识竞赛、调试技能比武大赛、辩论赛等活动促进青年成长成才；持续开展以“青年文明号”“青年安全生产示范岗”为代表的“朝阳”品牌活动，营造“请党放心，强国有我”的良好氛围。

长峰新联公司 23 车间以“青年课堂”“专项工作”等为抓手，探索形成一个核心抓手、两个培训平台、三大岗位支撑、思想管理措施的“1+2+3+4”运行机制，在创新创效和人才培养方面取得扎实成果。

5. 构建文化阵地，拓展车间文化展示形式，注重活动载体创新，开展各具特色的文化活动

环境对人有潜移默化的影响，在车间环境中建立文化展示系统，是营造良好车间文化氛围的一种有效手段。各车间大多通过开辟文化展示区、海报展墙等方式，将文化融入日常工作环境中。推进思想政治工作与文化建设有机统一，凝聚文化共识。同时围绕文化主题组织形式多样的文化活动，借助开展文化讲座等，以富有特色和员工喜闻乐见的活动形式，春风化雨，让车间文化进一步深入人心。让职工当主角，作为践行车间文化的主体，增强职工归属感及文化认同，凝心聚力。

283 厂常态化建设各类培训基地，通过看板、条例、手册等打造文化宣贯平台，如马景来工作室首都职工教育培训示范点，一分厂制作的总装铁军条例手册及应知应会手册、精密制造车间的排头兵宣言等。

车间文化模型

699 厂 60 车间在车间 LOGO、车间发展理念、车间初心使命、车间核心价值观等基础上，构建出“三廊一家一室一屋一组”的文化阵地，以及车间“党支部 +”“青年 +”等特色活动，达到“以文化建设车间、以文化发展车间”的效果。

25 所微组装中心从车间工作的特点出发，兼顾中心发展与职工需求，创办了“微 +”系列活动，包括“微 + 运动”“微 + 关怀”“微 + 读书”等方面，这些活动在缓解职工压力、强健职工体魄、促进职工团结等方面起到了良好的作用，同时让职工感受到了部门的人文关怀，提升了职工的归属感，获得了广大职工的一致好评。

三、车间文化建设的时代价值

车间作为以生产经营为主的一级基层组织，通过开展车间文化建设可以有效促进所承担任务的高质高效完成，并实现车间职工的成长成才。在当下，随着事业的发展，车间所承担的任务愈加繁重、所发挥的作用愈加显著，开展车间文化建设显得尤为重要。

1. 开展车间文化建设可有力激发新质生产力

新质生产力特点是创新，关键在质优，本质是先进生产力。发展新质生产力，需要我们牢牢牵住创新的“牛鼻子”，挖掘和发展符合高效、智能、绿色、可持续等特征的新业态新模式，进行生产方式、组织管理的全面革新。车间作为推动革新的前沿阵地，车间文化在其中发挥着不可替代的作用，有助于激发职工创新思维和创造力，为车间、企业创造更多价值，对企业高质量发展、可持续发展产生真正意义上的作用力。

2. 开展车间文化建设可有力促进车间经营管理提质增效

车间文化建设贯穿于车间生产经营全过程。通过深入开展车间文化建设，让车间文化理念成为大家的共识，各类文化活动在车间营造的良好氛围，构成了车间经营管理提质增效的有效助力，从而促进了车间各项任务的完成和长远发展。

3. 开展车间文化建设可有效提升职工凝聚力

让职工广泛参与、深入挖掘，形成体现时代特征且具有自身特点的车间文化理念，更易得到职工的广泛认可，增强职工的集体归属感和荣誉感，使车间文化潜移默化渗透到职工日常工作和行为规范之中，把自己的价值实现融入企业和车间的发展，进一步提升职工工作的积极性、主动性、创造性，进而转化为高质量完成任务的凝聚力、战斗力。

车间文化凝心聚力

第四节　班组文化建设

班组是企业一切工作落地的根基，基础夯实，则发展有力。班组文化是企业文化的有机组成部分，是航天精神与文化在班组层面的体现。

二院坚持以提高竞争力为核心，以提高全院班组整体管理水平及成员凝聚力、责任感为重点，强化基础建设，打造深入人心的班组文化，做到以文“化”人、以文“育”人。通过开展班组文化建设，二院打造了更多学习能力强、创新能力强、创效能力强、团队协作强、文化素养强的“五强”班组，这些优秀的“细胞”，使二院焕发出勃勃生机。

一、班组文化的基本内涵

班组是企业从事生产经营活动和管理工作最基层的组织单元，是二院实现战略目标的前沿阵地。班组文化则是班组的统领性思想，是班组成员共同的智慧结晶，能够体现班组的精气神，是指导班组管理与行为的指南。

班组文化一般包括班组愿景、精神、作风、价值观、信念、处事方式等要素，是全员认可的文化观念、优良传统、价值观念、道德规范、行为准则、规章制度、文化环境及生活态度等。优秀的班组文化能够培育和创造良好和谐的班组氛围，提升班组职工全力以赴完成任务的凝聚力和战斗力。

班组文化展板

二院班组文化建设认真落实航天科工、二院的精神与文化理念，遵循全员化、制度化、循序渐进的原则，孕育提炼出富有活力和具有航天特色的班组文化。

二、班组文化建设的实践与成效

60 多年的发展中，二院坚持科学的班组文化建设方法，班组文化建设成果呈现百舸争流之势，优秀的班组竞相涌现，塑造了一系列具有行业影响力的班组文化品牌。

1. 加强班组核心文化理念建设，提升文化引领作用

理念是一面旗帜，具有昭示和引领作用。在建设班组文化的过程中，二院始终注意二院文化与班组文化纲举目张的关系。二院文化对班组文化具有指导作用，班组文化是二院文化的丰富和发展；班组文化随着二院的发展而不断发展。班组文化会根据时代发展要求、二院的发展阶段，与时俱进，进行补充和完善。二院班组在各自业务驱动下，形成了独具个性的文化。

283厂“马景来班组”是一个航天科研生产一线的高技能班组，秉承“国家利益高于一切”的核心价值观，传承弘扬航天精神，形成了系列文化理念。作为生产班组，质量是第一位的，他们坚持“稳妥可靠，万无一失”的理念；在工匠人才培养方面，他们坚持“人人皆可成才、人人尽展其才”的理念。多年来，班组担强军首责，铸国之利剑，育大国工匠，成为装备研产攻坚克难的“铸剑”先锋和大国工匠的“孵化器”，曾获评新中国70年最具影响力班组、中央企业红旗班组标杆等荣誉。

203所“时频中心－时频计量组”专注测量，形成“永恒脉动、精准量传、和谐同步、跨越时空”的文化理念；699厂“铣工一组”凝聚工匠力量，形成了“匠心匠才制精品、齐心聚力共发展”的班组愿景；706所“杨帆创新班组”聚焦创新，形成了“学习劳模精神、引领创新发展”的班组宗旨；航天长峰“科技冬奥项目班组”助力效能提升，形成了“一刻也不能停、一步也不能错、一时也不耽误”的特色文化。这些班组文化的提炼和总结，使文化由虚转实、从抽象变具体，引导班组成员凝心聚力，共谋发展。

2. 加强班组制度建设，提升员工责任意识

班组制度是连接人与人、人与物、人与班组、班组与车间及企业的纽带，是规范职工行为的标尺，是文化落地的保障和关键。班组制度一方面要落实上级的各项规章制度，另一方面还需结合实际工作制度制定出符合班组特点的制度规范，包括岗位职责、安全管理制度、工艺制度、质量管理制度等，逐渐形成组织管理规范化、记录标准化、数据准确化的班组文化。

699厂“迷彩喷涂班组”建立完善班组内部安全生产制度，在

生产作业过程中，严格督促班组员工执行工艺纪律，准确完整地记录各种信息，及时开展产品质量数据分析，随时进行设备养护、安全排查、安全防火和危险因素识别，逐步养成“过程严谨、结果完美”的班组文化习惯。

201所以建设“安全型、学习型、精益型、创新型、和谐型”五型班组为目标，制定相关制度，确保文化建设落在实处。创新培训制度，通过整合公开教育培训资源，搭建云课堂平台，对岗位应知应会、试验和设备原理、操作规范、事故警示教育案例、隐患排查、应急处置等内容进行在线教育，并实时记录职工培训时长，增强班组成员风险防范意识，提高了专业技术水平。

二院大力倡导制度规范下的精细化班组文化建设，鼓励创新精细管理办法，建立精细机制，以班组为单位开展精细化管理，这对提高二院整体执行效力和文化自觉意识有重要的作用。通过在制度上下功夫，二院着力将班组建成关系和谐的细胞、个人成长的阶梯、价值实现的舞台，促进班组工作质量效益全方位提升。

3. 加强班组形象文化建设，提升员工内在动力

人改变环境，环境塑造人，要把文化展示在环境中，实现环境育人。二院加强班组形象文化建设，不仅对内设计构建班组标识，增加班组人文元素，在工作场所布置班组文化的相关内容，丰富班组活动阵地；还在宣传上下功夫，树立良好的班组形象，激发班组成员的荣誉感和主动意识，使班组成员在潜移默化中感受和学习文化，增强内生动力。

下图为二院部分班组 LOGO。

导航组　技术测试组　贺志毅班组

发射技术组　脑控工程组　安全生产培训班组

25 所软件班组建立了一套文化表现系统，通过班组墙报、展板以及班组主页进行展示，并创建质量案例集、建设共享平台来营造浓厚的班组文化氛围。207 所依托广告机、微信等媒介发布“一张图看懂班组建设”等内容，营造劳动光荣的工作氛围；开展优秀班组成果展示，以视频的形式反映班组的队伍建设、团队精神和工作成绩，让基层班组一一在全所职工面前“亮相”，赢得职工好评。二部张奕群创新班组及其成员的工作事迹在国资委“党员 idol”公益广告、中央电视台《相聚中国节》栏目、“全国最美家庭”专题节目等平台进行了多角度的宣传，引发中央主流媒体的持续报道。

二院有效利用多种宣传载体，发挥好基层文化阵地作用，打造展示班组形象的重要窗口，激发职工创优争先的工作热情和内心使命，促进班组文化进一步在职工中扎根。此外，对班组中优秀典型的宣传不仅可以发挥“头雁领航”作用，还能塑造充满活力的班组氛围，形成“群雁争鸣”的最终效果。

4. 融合业务，深入推进二院专项文化落地生根

班组是基层最小“细胞”，是企业专项文化在基层落地的重要体现，影响着二院各项科研生产指标的实现。二院深入推进专项文化在基层落地，延续专项文化与班组文化之间的纵深关系，发挥专项文化影响力，助力班组工作质量效益提升。

生产经营离不开“安全文化”。安全是最大的经济效益，班组要圆满完成上级的任务，必须提高安全意识，遵守生产规程，保证生命安全。699 厂 60 车间调试班组作为车辆总装总调最后一道工序的把关者，自成立之初就树立了“安全生产零事故、零隐患”的目标，更将“保安全就是要让安全刻骨铭心”的要求贯穿工作始终。班组成员在上岗前要对所有风险进行识别并进行风险追踪；在调试中为确保排除安全隐患，坚持落实“双岗安全责任制”，双岗互相配合，用团队合作来规避风险；定期对安全生产建言献策，并进行汇编，让安全计策落地见效。

打造精品离不开“质量文化”。206 所车间电装一组将质量文化融入班组的日常，全员参与构建管理规范、优质高效、质量可信的生产现场；积极参加质量改进活动，通过 QC 活动、工艺攻关、工艺改进等攻克技术难题；同时开展质量巡检工作，为持续提升产品质量，杜绝违章和低层次问题，起到了积极作用，确保了车间产品质量保证能力的稳步提高，质量体系持续有效运行。

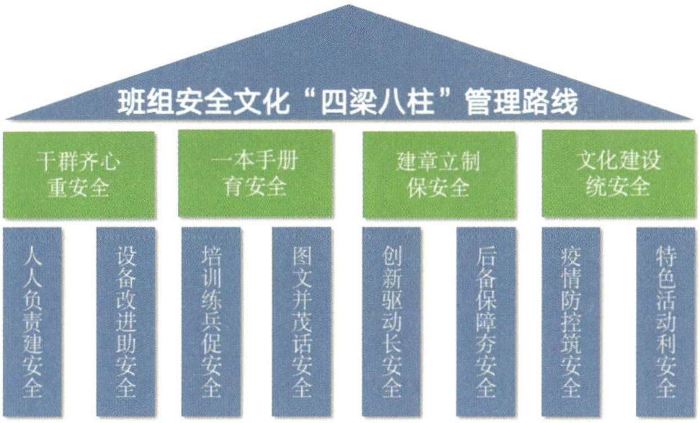

班组安全文化“四梁八柱”管理思路

可持续发展离不开“创新文化”。699厂SMT智能生产班组是一支朝气蓬勃的青年队伍，是创新文化的带动者，面对安全生产、创新发展的新形势、新要求，努力在“创”与“建”上下功夫，建立了“航天安全生产四梁八柱”以及“质量管理一二三四”的文化体系，推动班组管理创新开展。206所电装一组落实创新文化，时刻关注技术的改进和创新，对设备和生产线进行升级改造，让传统工艺方法与现代化生产管理融合发展，逐步形成了“高效率、高可靠、自动化”的现代化生产能力。

技能大师工作室班组文化墙及手册

人才塑优离不开“人才文化”。二院加强人才队伍建设，紧紧围绕劳模创新工作室、技能大师工作室开展人才培养，搭建员工成长平台。各班组结合“人才成长计划”“导师带徒”等，营造“互帮互学比着练，技能竞赛推动练”的成长氛围，在提升能力水平的同时，促进生产效率提高。二部张奕群创新工作室打造了一流技术攻关队伍，培养了多位一专多能的优秀设计师，形成劳模型、领军型、专家型、潜力型四级创新人才梯队，使班组真正成为创新人才快速成长的摇篮。

2022年，一线班组全力冲刺攻坚

二院班组文化融合业务、打通专项文化，做到了班组有目标、业务有提升、工作有举措、个人有行动、管理有规范、文化有品牌的闭环。

三、班组文化建设的时代价值

新时代新征程，企业的发展机遇和风险挑战并存，国企深化改革进入转型升级关键期，这对企业实施精细化管理，建设知识型、技能型、创新型员工提出了要求。作为二院文化建设的前沿阵地和各项工作的落脚点，二院加强班组文化建设是新时代背景下企业管理发展的必然选择和重要支点。优秀的班组文化对于变革班组管理方式，丰富职工文化素养，培育新时代文明职工，促进二院的高质量发展具有重要意义。

1. 班组文化建设是增强二院内在活力的必然要求

班组文化建设关系到二院安全生产、产品品质、效率效益，关系到二院未来发展目标的实现，是一项长期的、系统的、与时俱进的工程，是文化繁荣发展的根基。二院开展班组文化建设，挖掘员工的心理诉求，唤醒职工的主人翁意识，增强了职工的荣誉感和归属感，提振了员工责任感和担当精神，给员工带来幸福快乐，使他们情感上获得满足感，精神上获得成就感，引领着大家形成一个利益共同体，为着共同的目标而奋进。

2. 班组文化建设是推动二院高质量发展的有效载体

人们的物质需求得到一定程度的满足后，文化和精神的需求就会成为追求的目标。二院班组文化建设注重强化主体意识，优化整体管理，以人为中心，尊重人的价值，把提高职工素质作为推动企业科研生产任务完成、实现高质量发展的制胜法宝，让职工与企业共发展。在新的历史和市场条件下，通过班组文化建设引领凝聚职工，释放职工智慧潜能，为打造“百年老字号”，实现二院做大做优做强奠定了强大的思想基础。

文化在高层，落地在班组。只有通过班组文化建设才能真正使二院文化落地，使航天精神与文化融入企业经营发展全过程。二院在规划上注重长远，在推进上注重创新，在落实上注重统筹，在方法上注重实效，为二院安全、生产、效益提供最坚实的人员、思想基础，为二院高质量发展提供不竭的动力源泉。

第五章

横向到边，推动航天精神与文化百花齐放

对于企业而言，文化建设最终是为企业发展服务的。企业文化建设必须紧紧围绕企业的中心工作开展，必须以推动企业高质量发展为目标进行。

在此过程中，二院结合各项业务工作逐步形成了以质量文化、安全文化等为代表的专项文化。这些专项文化有的是从国家层面、行业层面在大力推进的，比如品牌文化、人才文化、质量文化、安全文化、保密文化、廉洁文化等。有的是航天企业、二院所独有或表现较为突出的，比如型号文化等。

二院专项文化建设贯彻“五同时”的要求，即与相关工作“同计划、同部署、同检查、同总结、同考核”。专项文化建设与业务工作同步开展，保持一段时期相对固定，并根据业务工作发展需要，不断与时俱进、调整完善，进一步更好地服务于业务工作。

第一节 型号文化建设

二院先后承担并圆满完成了众多型号装备的研制生产任务，多次亮相国庆等阅兵仪式，为我国装备现代化建设和综合国力的提升做出了重大贡献。

在60多年的型号研制工作中，二院形成了各型号独有的精神文化，产生、积累了宝贵的型号文化财富，并且随着型号研制人员的流动与成长，在二院内传承与发扬，对型号任务完成和型号队伍成长成才发挥了重要作用。

一、型号文化的基本内涵

型号文化是在长期的型号研制攻坚实践中型号团队的思维方式、价值观念、行为规范等的集中体现。型号文化诞生于型号研制过程中，是通过一系列的实践与总结，逐渐在型号团队内形成且被团队成员共同遵循的一种价值观与行为导向。型号文化既体现了型号任务的目标和特征等，也体现了型号团队在长期从事型号研制中所呈现的集体精神面貌。

二、型号文化建设的实践与成效

二院运用系统工程的方法构建了四维文化体系，其中对象维明确型号文化是重要建设内容。二院高度重视型号文化建设，以提炼型号文化理念、宣传型号团队精神和型号文化故事、抓好质量、安全等其他专项文化建设等方式，助力型号科研生产任务的顺利完成。

二院各型号团队在型号发展过程中，坚定履行强军首责，始终秉持“功成不必在我”的精神境界和“功成必定有我”的使命担当，以“祖国需要，我就去干”的实际行动，推动各型号任务圆满完成，并形成了具有影响力和凝聚力的型号文化，成为推动型号工作的宝贵精神财富。

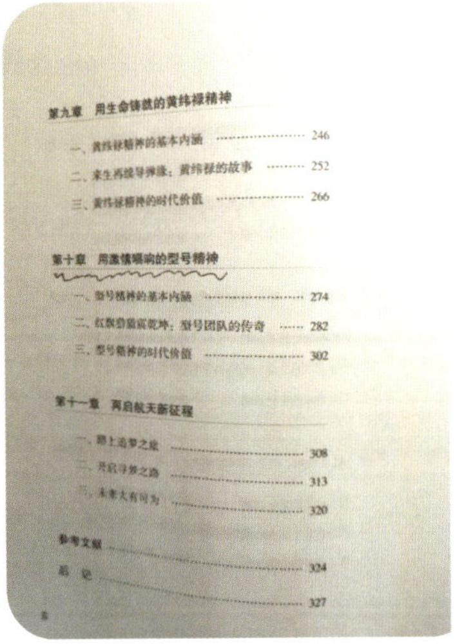

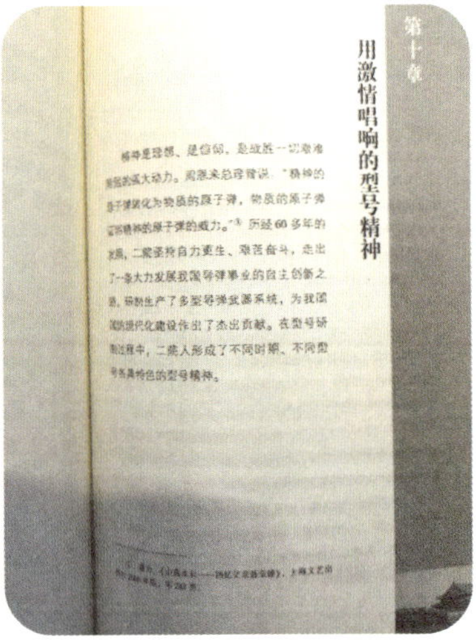

2020年，《筑梦空天》专题论述型号精神

1. 提炼型号文化理念，让先进的文化理念在型号队伍中扎根

型号文化建设与型号研制生产工作同步开展，往往在型号不断取得重大进展的过程中，逐步提炼形成型号精神文化理念，以激励型号人员持续完成任务。二院在阐述航天精神在二院的实践论著中，专门辟出一章系统论述型号精神，综合梳理60多年来二院型号的研制发展历程和践行航天精神的过程，提出型号精神具有“团

结协作、勇克难关、拼搏奋斗、争创一流、胜不骄、败不馁”等特质和内涵。

二院坚持做好对型号文化的提炼与积累，凝练形成了众多型号文化理念，如：

“铸剑人”型号精神：坚忍不拔、勇于担责、拼搏奋进、甘于奉献、敢打必胜

“天盾”型号精神：求实、高效、创新、超越

“御天长剑”型号精神：忠诚、执着、创新、亮剑

在型号研制生产过程中，型号文化能有效促进型号队伍完成各项急难险重任务，在完成各项任务中，又丰富了型号文化的内涵。在一次型号高原试验中，特殊的地理环境使许多人出现缺氧反应，而且由于高原环境所限，生活物资紧缺。针对这种情况，型号试验队响亮地提出“缺氧不缺精神”“再苦也要严守规定”“海拔高，工作标准更高”等要求，并且很快在试验队达成共识。大家在异常困难的条件下，精心操作，发发命中，圆满完成了任务，在此基础上提炼产生了“海拔高斗志更高，缺氧不缺精神”的高原试验队精神。

在一些重要型号的文化建设中，为既符合可以公开的要求，又能体现型号的特点、弘扬型号文化，二院创造性地使用响亮的代号为型号精神命名，生动展现了型号团队昂扬的精神面貌，极大地提高了团队的士气，如：

“扼禽猛龙”型号精神：众志成城、只争朝夕、迎难亮剑、敢打必胜

“蓝海神盾”型号精神：团结协作、善作善成

“舰船宝甲”型号精神：勇担当、善攻关、甘奉献、能战斗

“飞龙神剑”型号精神：做用户的引导者、做质量的守护者、做创新的实践者、做国际一流品牌的实现者

同时，二院还注重鼓励型号开展群众性型号文化创建活动。一次外场试验中，12 月的戈壁上早已覆盖着积雪，夜间温度已经低到零下 20 多摄氏度，一群身穿红色羽绒服的试验队员夜以继日地忙碌着。在任务间隙的一次放松活动时，23 所一位青年职工正弹着吉他，二部的队员突发奇想，可以用之前创作的一首诗词，配合谱曲，创作一首描写试验队生活的歌曲，于是就诞生了这首《戈壁滩上的红色火焰》：

“苍茫的戈壁，伴着胡杨的孤寂，大漠长风宛如古战马的嘶鸣；轰鸣的列车，送来远方的来客，他们身着红色行装像红色火焰；像那戈壁滩上的红色火焰，点亮黑暗的荒漠，远离故乡背负航天的使命，承载祖国的嘱托；戈壁滩上的红色火焰，用团结聚集力量，就像星火燎原熊熊燃烧，任何城池都可以攻破；戈壁滩上的红色火焰，为航天续写传说，立志保卫试验圆满成功，回报伟大的祖国。”

这首诞生于型号试验队的歌曲真实地反映了型号人靶场奋战时的工作和精神状态，有大家共同的感受和回忆，感动着航天人，也激励着航天人，得到了型号团队的一致喜爱与认可，是群众性型号文化创建的生动体现。

2. 积极宣传教育，增强型号文化的普及度、认同感

为了加强型号文化建设，各型号管理人员注意运用丰富的载体形式，宣传型号的精神理念等。

在一次型号外场试验中，试验队政工人员以团队成员的第一视角，用视频的形式记录团队的攻关风采、艰苦环境、动人事迹以及

对远方家人的真情流露，形成“原来你是酱婶儿的航天人”系列视频，起到了良好的宣传效果，激发了团队成员的归属感、凝聚力和战斗力。

“天鲲一号”成功发射

在“天鲲”型号文化建设中，将型号名称与中华传统文化相结合，“天鲲”取义庄子《逍遥游》:“北冥有鱼，其名为鲲。鲲之大，不知其几千里也”。2017 年，“天鲲一号”作为航天科工首颗卫星成功发射；2022 年，“天鲲二号”作为领域首星再次成功发射。从“天鲲一号”到“天鲲二号”，空间领域的鲲鹏之变正在发生，与此同时，“迎难而上，敢打必胜，鲲鹏展翅，万里可期”的“天鲲”型号文化也逐渐形成，并贯穿于型号任务从研制、发射到运行全过程，有力推动了任务完成。在任务初始阶段，以“天鲲”为原型绘制任务徽章，展示任务要素。在发射任务阶段，推出“天鲲”系列漫画，讲述“天鲲”故事。在总结阶段，以人物讲好“天鲲”故事，“天鲲一号”卫星研制团队获“航天科工感动人物”，“天鲲二号”团队事迹在《中国青年报》刊发，参与研制的多名个人事迹在中央媒体刊发。以“天鲲”为原型拍摄微电影《星路》，对型号研制过程进行视觉化呈现。

漫画“天鲲一号”型号故事

此外，二院各型号团队收集并编辑

出版了型号诗集、型号故事集等成果，制作了专题纪录片，将文化通过文字、视频的形式总结固化，并在试验队员中不断传承。比如型号战地诗选《长缨颂》，型号试验任务回忆文集《西藏 2010——永远的记忆》等。还有反映型号研制历程及型号文化故事的专题片《今日长缨在手》《鲲鹏展翅》等，在型号战线乃至院内外都引起了很大反响，进一步推动了型号文化建设。

编辑出版型号诗集、故事集

除了抓普遍的宣传教育、在型号线营造浓厚的文化氛围之外，各型号队伍在推动型号文化建设中还注重抓好“四个结合”。

一是与形势任务教育相结合。根据型号特点和进展情况，不定期地编发宣传教育提纲，反复宣传“国家利益高于一切”“科技强军、航天报国”的理念，以及型号自身提炼的精神理念等，增强大家抓好型号研制试验的责任感、使命感。

二是与型号阶段性任务动员部署相结合。每逢任务转阶段，各型号都要召开部署动员会。重大试验往往还召开誓师大会。利用这种机会，不仅部署技术工作，而且从精神状态、工作作风和思想文化层面提出具有激励作用的要求。

三是与技术指导相结合。在型号技术研究讨论、技术审查把关、归零等活动中，经常性地引导大家弘扬型号精神，以“严慎细实”的工作作风，让型号文化推动型号实践取得突破。

四是与型号宣传相结合。每个型号都有经常性的宣传通报制度，进入靶场，还要专门设置型号政工组，办试验快报，既及时通报科研工作情况，又表扬宣传型号科研工作中的攻关感人事迹，用型号研制生产中真实而生动的事例，宣传型号精神。

开展型号先进典型推树，也是弘扬型号精神、加强型号文化建设的重要做法。二院近年来结合感动人物评选、先进典型推树活动，重点宣传表现突出的型号团队。目前已成功推树“铸剑人”“霹雳神剑”“大漠砺剑”“御天长剑”“天盾”“御天铸鼎”等众多型号团队成为航天科工感动人物、二院感动人物，在全院干部职工中产生了强烈反响，形成了良好的文化认同和思想共鸣。

2024年初，二院还首次策划开展了“砺剑先锋”十佳型号团队评选活动，计划每年评选表彰10个型号团队，并发布其型号精神，加大型号事迹宣传力度。

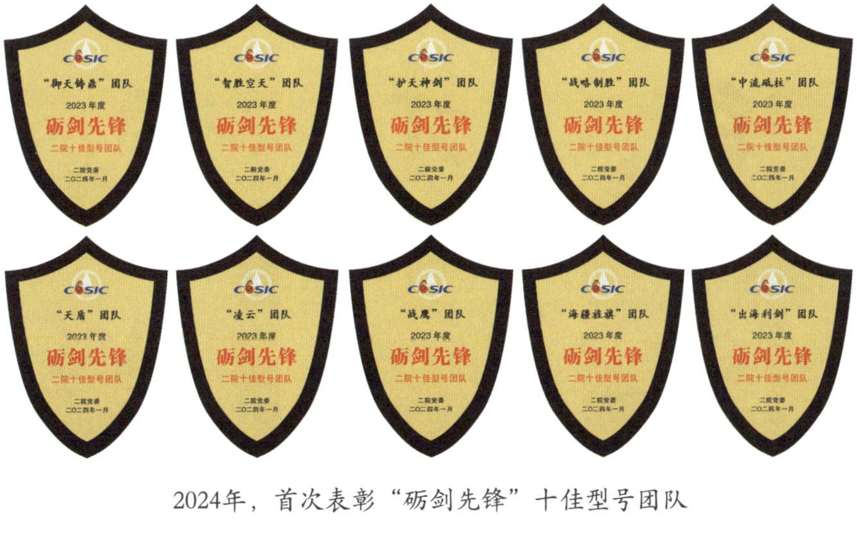

2024年，首次表彰“砺剑先锋”十佳型号团队

3. 深化各项专项文化建设，共同构建多元一体的型号文化

坚定履行强军首责、打造高质量型号装备，是型号文化建设的根本出发点和落脚点。为此，围绕型号研制试验生产各环节所开展的创新文化、质量文化、安全文化、保密文化、廉洁文化等专项文化，以及学习科学家精神、加强型号队伍建设等，共同构成了型号文化的建设内容。

安全文化主题海报

保密文化主题海报

狠抓创新文化建设，促进型号任务的完成。一次重点项目研制试验中，没有任何可借鉴的资料。不仅技术难度大，而且管理层和技术层在一段时间里意见分歧比较大。面对这种情况，型号队伍明确提出，“把科研创新作为决定项目生死的关键环节”“鼓励创新、宽容失败”，在良好的创新能量环境中，攻克了一个又一个难关，终于取得了令人欣喜的创新成果。创新文化已经成为各型号研制工作的支撑点。有一个型号难度极大，进展并不顺利。正是

保密主题演讲比赛

在创新文化的引领下，型号研制队伍毫不气馁地迎难而上，齐心协力“拔钉子、啃骨头”，现在已经取得了新的进展。

保密微视频及保密文创

狠抓质量文化建设，提高试验成功率和装备合格率。型号最重视质量，型号文化建设的重要着力点就是保障试验成功。“质量是生命”“质量是战斗力”“质量无小事”“以质取胜”等观念在型号队伍中深入人心，追求“零故障、零问题”成为型号队伍的自觉行动。

编制质量先进典型故事集

质量“零缺陷”漫画

2016年，二院排演反腐话剧《坚守》

学习科学家精神，注重型号内的精神传承。型号的发展离不开型号领军人物的战略思维、创新精神和奉献意识，领军人物对于型号发展发挥了重要作用。各型号团队深入学习科学家精神，开展院士传记读书会，团队中老中青三代人员深情讲述与各位院士共事的故事，通过缅怀老一辈科学家，传承其热爱祖国、无私奉献的宝贵精神，更加坚定投身于国防事业的理想信念。

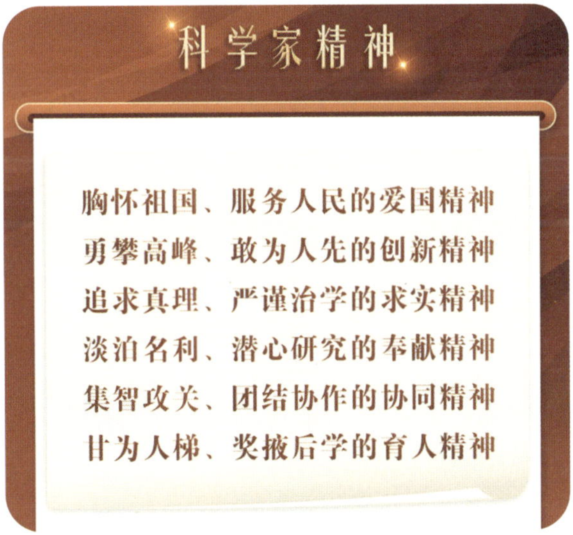

科学家精神的内涵

三、型号文化的时代价值

1. 型号文化建设推动型号系列化发展

历经60余年的发展，二院的型号研制取得了长足发展，形成了基本型、系列化发展的良好格局。型号文化建设有力推动了型号科研生产试验任务的顺利完成，助力一型型大国重器横空出世。随着型号系列化发展，型号精神文化一脉相承的延续性将起到不可或缺的重要作用，有力推动型号迭代升级、装备高质量发展。

2. 型号文化建设促进人才队伍成长

在每一次重大型号的研制和攻关历程中，都离不开型号文化的助力。型号一代代发展，型号文化也在不断传承发扬。型号队伍在研制攻关过程中不断弘扬型号精神文化，汲取型号研制团队的经验教训，使得个人的成长成才进一步加快。同时，他们在今后的型号工作中进一步传承、弘扬、丰富型号精神文化，又带动了新一批人员的成长，形成了良性循环。在新时代新征程，我们更要不断凝练和推广具有时代特征的型号文化，让型号文化在促进型号创新升级、助推型号人才成长等方面发挥更大的作用。

第二节 品牌文化建设

品牌是高质量发展的重要象征，是企业乃至国家竞争力的重要体现。加强品牌文化建设是培育企业竞争新优势、创建世界一流企业的必由之路。

二院大力实施品牌战略，积极开展品牌文化建设，推动品牌培育与发展，将品牌文化建设贯穿高质量发展全过程，企业品牌知名度、美誉度持续提升。

一、品牌文化的基本内涵

品牌文化具有使社会公众对航天事业、航天系统产生认同向往、建立信任依赖的强大引力。我国航天事业历经几代人艰苦奋斗，不仅创造了科技上的辉煌成就，更孕育形成了内涵丰富的航天精神与文化。这些闪耀着时代光芒的精神瑰宝是航天品牌文化资源宝库的重要宝藏，为新时代航天品牌的塑造和发展提供了深厚的土壤根基，为推动航天事业高质量发展提供了强有力的精神支撑和文化价值导向。

1. 报国是品牌文化之魂

我国航天事业起步时一穷二白，航天人矢志报国，依靠党的坚强领导，凭借双手打破封锁，让“争气弹”从祖国的地平线成功飞了起来。二院人始终坚持服务国家战略、服务国防建设、服务国计民生，秉承“国家利益高于一切”的核心价值观，聚焦主责主业，履行强军首责，为党和人民屡建功勋，做出了历史性贡献。一代代二院人在极端艰苦的条件下奋发图强，自力更生，将这种精神代代相传，渗入航天人的基因当中，以铁肩担起“科技强军、航天报国”的神圣使命，用接续奋斗书写我国空天防御事业新篇章，铸就了航天品牌文化之魂。

2. 质量是品牌文化之本

被社会公众所熟知和高度认可的航天品质，可理解为是“航天高科技 + 质量 + 品牌”的总和，只有产品自身质量过硬，又有一定的品牌附加值，才称得上品质好。中国航天人的严谨、务实“品牌”，赢得了社会公众的一致认可，“中国航天”具备了广泛的公众认知、影响力。人们相信，航天品质的背后是航天人秉持着自强不息、精益求精的航天精神，从产品的一个零件、一颗螺丝钉开始铸就的，公众对于航天品牌及产品的信赖度极高。质量是航天品牌文化的根本，是产品打上高精尖“航天品质”烙印的基石。

3. 创新是品牌文化之核

自主创新是企业和品牌最重要的核心竞争力，二院品牌文化是在科技攻关、技术创新过程中的一种提炼，充满了航天高科技与坚持自主创新的文化内涵特征。强大的科技创新能力内化为二院品牌文化之核，塑造了二院勇于开拓创新的品牌形象。60 多年来，二院作为国防科技重要力量，自觉扛起科技自立自强的顶梁之责，着力打好关键技术攻坚战，不断抢占科技创新制高点，创造了一个又一个填补国内空白的“第一”，品牌行业影响力、企业市场竞争力不断加强。

4. 传播是品牌文化之翼

品牌需要传播才能让公众知晓，实现品牌价值增值。二院积极科普航天知识、弘扬航天精神、传播航天文化，有步骤、有计划地开展航天品牌文化建设，讲好航天故事，积极探索以创新形式解锁“大国重器”，以富有人文气息的故事弘扬航天精神，不断增强航天文化的多元性与普世性，让“航天 IP”家喻户晓、深入人心，让社会公众进一步了解航天、热爱航天、投身航天，让品牌文化真正赋能航天事业发展、航天强国建设。

二、品牌文化建设的实践与成效

二院紧紧围绕企业发展中心工作狠抓品牌建设，从战略高度认识新时期品牌建设工作的重要性，对品牌文化建设工作做出顶层设计、统筹推进，以“推进二院品牌建设，促进二院打造一批拥有自主知识产权、具有较强市场竞争力和国际影响力的知名品牌，培育二院国际化、创新、开放的企业形象”为目标，将中华优秀传统文化、红色血脉、航天精神、“有矛必有盾”发展哲学及精神禀赋等融入品牌文化基因，整体塑造百折不挠、勇往直前做“中国航天事业和国防科技工业的中坚力量”“祖国空天防御事业的建设者、捍卫者”的央企品牌形象。二院通过各种方式和渠道积极树立品牌形象，形成了一批国内国际知名品牌，在树立知名品牌、促进品牌发展、提升品牌效益上不断探索迈进，努力打造世界一流空天防御高科技产品品牌企业。

1. 实施品牌战略，打造自主品牌

品牌战略是推动二院不断强化竞争优势的系统工程。二院以

“创新驱动、质量制胜、服务至上、价值认同”为品牌发展方针，采用以“航天科工”为母品牌、以“红旗”系列、“航天安保”“航天高端医疗”等为子品牌的母子品牌策略，以“科技强军、航天报国”为己任，强化品牌产品的系列化发展和品牌产品的市场成熟度，加快提升自主品牌价值。在激烈的市场竞争中，二院实施品牌战略，使得产业迅速发展壮大，凭借航天技术、航天产品、航天管理模式和航天品质优势，赢得了市场认同，逐步形成了品牌差异化，打响了品牌知名度。

“红旗”系列铸造中华神剑。红旗二号是二院研制的我国第一代中高空、中远程防空导弹，曾成功击落美 U–2 高空侦察机。第一型低空、超低空导弹武器系统——红旗七号研制成功，填补了我国低空、超低空防御领域的空白，标志着二院在地空武器型号研制上迈入了崭新的时代。第三代中高空中远程防空导弹系统研制成功，标志着我国防空导弹系统研制水平跨入世界先进行列。多型装备在阅兵仪式上接受了党和人民的检阅，扬国威、壮军威。同时，二院还研制或参与研制了“东风”“巨浪”“霹雳”等系列型号产品，品牌影响深远。

被我国击落的U–2高空侦察机残骸

“航天安保”创写安保神话。2008 年北京奥运会让世界看到了一个多姿多彩的中国，二院设计研发的奥运安保科技系统，成为确保“安全奥运”的坚实壁垒。该奥运安保科技系统，打破了国外技术垄断，是我国第一个具有自主知识产权的大型活动综合安保科技系统，其在北京奥运会的成功应用，得到了党中央、国务院的表彰和社会各界的高度赞扬。随后，航天安保又成功护航上海世博会、广州亚运会、深圳大运会和 2022 北京冬奥会等，航天安保品牌持续得到国家、行业的充分认可。与此同时，航天安保进一步拓展品牌内涵，涵盖了更广范围的平安城市和智慧城市领域，量身打造我国首个智慧城市建设项目——武汉智慧城市总体规划与设计项目，树立了我国“智慧城市”建设的工程标杆和品牌标杆。围绕“大安全”业务发展核心，二院持续深耕我国边海防信息化、智能化建设，于 2021 年成为全国首个“智慧边海防”建设试点总体单位，进一步巩固了行业地位，扩大了品牌核心优势。

航天安保系统保障北京奥运会、冬奥会

各类产品亮相展会树立品牌

新兴产业形成品牌效应。二院拥有我国最早从事计算机研究的大型骨干专业研究所，是计算技术主力军和信创产业国家队。随着计算机技术的迅猛发展，计算机在国防安全中的应用愈发关键，成为国家安全的重要保障。凭借着关键核心技术在手，二院“一盘棋”打造出一批具有自主知识产权和竞争力的技术成果，形成了“天熠”信创品牌，持续推出系列高性能产品和信息系统整体解决方案等，广泛应用于各行业领域，赋能数字化转型和智能化升级，有力支撑了我国装备建设和信息技术产业发展。

打造“天熠”等信创品牌

“航天医疗”护卫生命健康。作为我国为数不多的高端医疗装备研发生产央企之一，二院在非典、汶川大地震、新冠疫情等急难险重的危急时刻，挺身而出、逆行出战，将自主研发、日夜扩产的呼吸机、麻醉机等重要救助物资，紧急送往各地医院，解决了一线的燃眉之急，为党和国家坚持人民至上、保障人民生命健康贡献航天力量，航天医疗产品和品牌认可度得到极大提升。新冠疫情危急时刻，二院承担起国家重点研发计划——ECMO（俗称“人工心肺”）体外膜肺氧合系统装备研制任务，实现了完全自主研发，航天医疗品牌持续为国家战略布局再谱新篇。

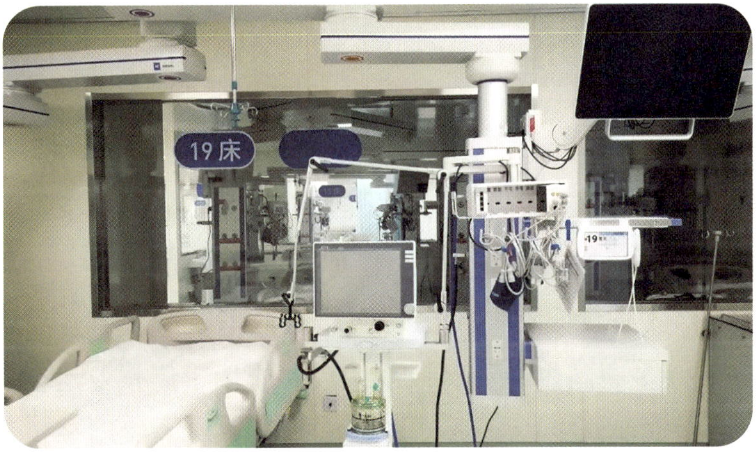

航天医疗产品受到市场欢迎

2.强化创新驱动，提升品牌价值

提升管理，培育技术创新土壤。二院始终将创新作为企业发展和品牌提升的重要动力，先后制定了一系列专项奖惩管理办法，专门建立了创新基金，鼓励单位和个人创新。二院多次获得国家科学技术进步奖。二院高速高效数控加工技术及数字伺服驱动技术、气象雷达装备等产业创新和产业化项目获得国家立项支持，加速实施产业化工程；获得专利数百项、多项国际发明专利，填补了二院国际专利的空白。

“低慢小”形成品牌影响力

技术创新，打造高附加值产品。“航天安保”的重要产品之一低空慢速小目标拦截系统（“低慢小”），是世界上第一个具有无烟、无光、微声、低附带损伤的网式拦截系统，获得 4 项国际发明专利和 20 多项国内专利。该系统成功应用于广州亚运会和高端峰会等重要安保活动中，不仅拓展了航天安保的应用场景，也提升了航天安保品牌的价值。二院将先进的航天技术与气象科学相结合，提供高精度、高效率的气象仪器装备及服务，构建“空、天、地、海”一体化的综合气象探测体系，在气象预报、灾害监测和应急响应领域取得了重大突破，参与“一带一路”建设，保障北京冬奥会等重大赛事活动，为服务国计民生提供了重要的支持和保障。

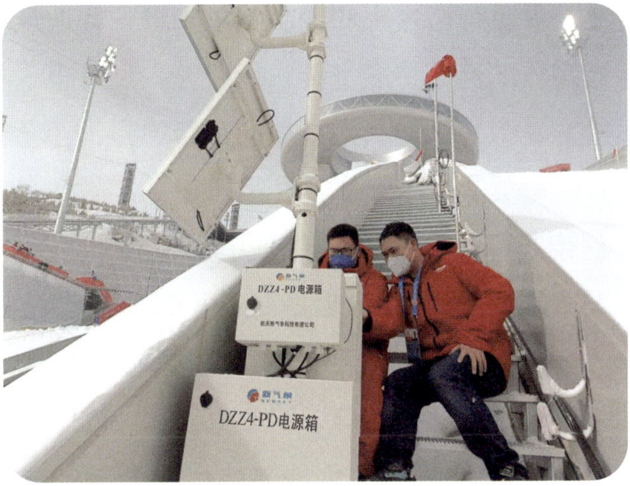

气象产品保障北京冬奥会

3. 促进价值认同，壮大主流舆论

各类重大活动和展会亮出神剑风采。二院自主研制的多型装备先后亮相国庆阅兵仪式等。在中国国际航空航天博览会及各类国际航展、装备展上，二院“龙獴豹狼牛”系列明星装备公开亮相，其先进性能、独特的军贸品牌成为媒体报道重点。

展示平台全面推介品牌。近年来，二院先后建立了产品展厅，以展板、沙盘、实物和模型的形式展现二院发展和产品能力的总体品牌形象，成为各级领导、各方客户和社会各界朋友了解二院重点产业、主要品牌产品的重要窗口。二院及所属单位根据国内外不同客户群体，定制化编印宣传手册，制作了企业宣传短片和多个语种的产品宣传片，通过组织参加各类展览活动，进一步加大广告宣传力度，提高品牌影响力，加速推动产品价值向品牌价值的积累。

加强对外宣传，提升品牌知名度。二院依托重大项目，贴近社会热点，抓住技术创新点，积极运用各类媒介载体，高效宣传推广企业品牌，使一批品牌广为人知，赢得了市场的普遍认同。二院在中央和省部级媒体广泛、持续宣传，一些在人民日报、新华社和央视《新闻联播》发布的重量级报道如同重磅炮弹，在社会上引起强烈反响，社会认知激增，品牌知名度飙升。

航天文创架起品牌桥梁。文化是中国航天事业兴旺发达的精神动力，更是企业品牌发展的血脉灵魂。208 所依托创意航天文化产品开发的文创品牌“空天文创”围绕航天科工、二院型号装备、产业方面的品牌产品等，大胆创新，策划、设计、开发近 500 款产品，并通过参加文创展、比赛，开展各类讲座、进校园、开放日活动等品牌推广活动，为后续品牌开拓与产品开发奠定了基础。“空天文创”产品成为二院众多品牌产品向外传播的重要载体。

三、品牌文化的时代价值

党的二十大开启了以中国式现代化全面推进中华民族伟大复兴的新征程。在新的历史条件下，航天品牌文化建设的内涵更加丰富，外延更加广阔，价值更加凸显。

1. 为航天强国注入新动力

新时代新征程，航天品牌正逐渐成为彰显国家文化魅力和展现国家综合竞争力的重要“名片”，在发展航天事业、建设航天强国过程中发挥着越来越重要的作用。航天品牌文化以独特的品牌内涵与价值，结合航天事业持续不断的成功实践带来的巨大社会关注力、影响力，必将为护航和加快发展航天事业、建设航天强国注入新动力。

2. 为品牌强国打造新活力

航天品牌文化所蕴含的无穷力量是牢牢把握高质量发展这个首要任务的应有之义，推动航天品牌强起来、走出去，是建设品牌强国的重要内容，是提升国家文化软实力和中华文化影响力的重要之举。讲好航天品牌故事，是二院唱响主旋律、弘扬航天精神、传播航天文化的着力方向。二院将积极打造国际知名品牌，不断提升企业品牌的核心竞争力及影响力，为品牌强国建设注入新活力。

3. 为市场竞争提供新机遇

“品牌”是经济发展的产物，是一种无形资产，社会公众和用户认同的品牌可以为企业创造高附加值，能为企业市场竞争打开新局面、拓展新机遇。对于走入市场的航天企业而言，想在市场与社会环境中生存和发展，就要主动进行战略转型和理念转型，符合当今市场发展需求，持续增强市场意识、品牌意识和服务意识，推动以文化为核心竞争力的品牌战略落地。

中国的航天事业始于仰望星空的浪漫，成于脚踏实地的实干，中国航天人用自己的努力，向世人展示了中国科技创新的自信和底气。二院人将品牌培育融入国家重大工程，以高品质、高科技的工程实践塑造和展示“中国航天”的实力和形象，为中华民族伟大复兴的巨轮破浪前行贡献力量。二院人还将不断提升航天企业在世界航天科技领域的影响力和话语权，增强全民族自信心、自豪感，铸造国人为之骄傲的国家名片。

第三节　人才文化建设

企业文化是企业统一的价值观念，人才文化是企业文化的有机组成部分，是企业文化在人才发展层面的具体体现。

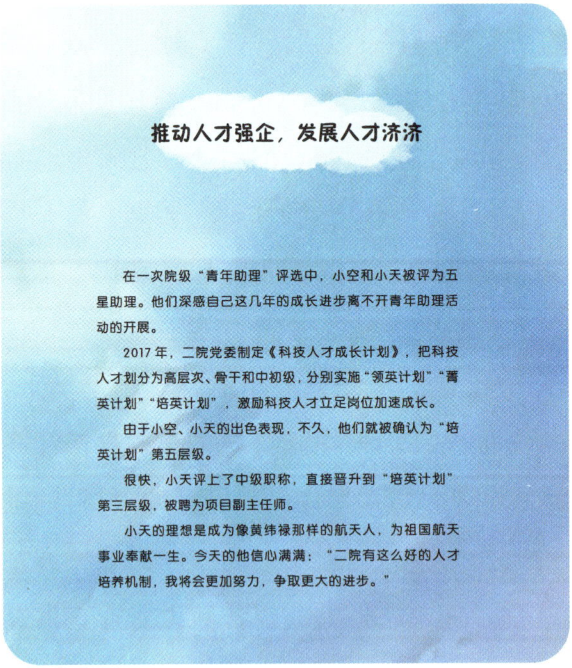

绘本《追梦空天》中的人才成长故事

二院坚决贯彻落实党和国家人才战略，坚持以人为本，遵循人才成长规律，突出实践成长特色，激发人才内生动力，形成了独具特色的人才文化，让人才在文化的浸润中成长，培养造就了一支技术精湛、作风优良的人才队伍，持续为建设航天强国贡献力量。

一、人才文化的基本内涵

千秋基业，人才为本。人才是事业经久不衰赓续发展的第一资源。人才文化是我们党在社会主义革命、建设和改革的伟大实践中，不断继承、发展、创新马克思主义人才理论，形成的具有中国特色的人才理念，代表了党和国家对人才所秉持的基本原则，表达了对人才标准、人才使用和人才成长等方面的基本态度和方针，体现着一个国家、一个民族对其人才的历史认同、价值认同、情感认同的总体取向。

二院人才文化建设遵循以人为本原则，坚持党管干部、党管人才，突出政治标准，强化实践锻炼，做实严管厚爱，实施分类培养，注重一线选才，切实做到真心爱护人才，宽容人才个性，实实在在解决人才成长的后顾之忧，尊重“人”的价值，看见“人”的能量，成就“人”的梦想，让人才成为高质量发展的重要支撑。

感动中国人物，隐秘而伟大

二、人才文化建设的实践与成效

在 60 多年的发展中，二院坚持以人为本，不断创新方式方法，将人才文化理念融入人才队伍建设各环节，形成了各具特色的人才文化，呈现出千里马竞相奔腾的局面，有力促进了人才的成长成才和事业的发展。

1. 加强人才文化理念建设，推动人才工作开展

人才文化理念是企业关于人才工作的指导思想和价值观念。树

立什么样的人才文化理念，用什么样的人，事关事业发展的成败。在人才文化的形成过程中，二院始终坚持“人才是第一资源”理念，通过建立企业和人才的利益共同体，不断创造企业价值，造就有成就的人才个体、有活力的人才团队，促进企业效益提升，共享企业经营成果，实现职工与企业的共同发展。

23 所形成了“吸引人才、培养人才、成就人才、人尽其才”的人才文化，不断打造一支适应雷达产业快速高质发展的人才队伍。706 所形成了“立德育人、尽展其才、同创共享、成就未来”的人才文化，鼓励职工树立远大志向并不断为之奋斗，牢固树立“企业兴我幸，企业衰我哀”的“我与企业共兴衰”理念，立足岗位做出不平凡的业绩，成就精彩人生。699 厂形成了“识别人才需要、激励人才创造、推动人才培育、成就人才价值”的人才文化。二院研究生院坚持立德树人，遵循育才规律，形成了“奉献、博学、严谨、创新”的育才理念，引导学生成长成才。

一批批学子在二院成长成才

2. 纳入人才管理体系，将人才文化融入人才“引、用、育、留”全过程

把文化纳入人才管理体系，实质是将文化融入人才的引、育、用、留等方面，形成企业人才文化。二院坚持“引、用、育、留”的人才发展系统观念，充分发挥人才文化的凝聚、引导、激励作用，在吸纳人才、培养人才、任用人才、留住人才等方面多出新政、多出实招、多措并举、多路出击，让人才文化在人力资源管理中发挥破除障碍、整合凝聚、激励向上、团结向前的作用。

在引才方面，坚持五湖四海选拔人才，打造航天企业“朋友圈”，形成了“任人唯贤、以德为先、德才兼备”的人才文化理念。25 所围绕“高精尖缺”人才，突出“前沿”“高端”“紧缺”导向，拓展高层次引才渠道，着力打造校企合作典范，共建多个联合实验室和院士工作室。208 所围绕“三足鼎立”新发展格局需求，聚焦智库、信息化等专业，扩大校企合作渠道，有针对性地发“求贤令”“英雄贴”，确保优秀人才职业定位与所发展目标的高标准匹配。

在人才使用方面，逐渐形成了“赛马不相马”“干中学、学中干”“从重大工程一线选拔干部”的人才文化理念。二部高效实施“持证上岗”“逢晋必考”，实现专业能力考核关口前移，促进不同层级设计师知识理论更新、质量意识强化和综合能力提升。空间工程总体部树立鲜明导向，坚持从重大项目、重大工程、科研生产一线选拔人才，加大竞争性选拔力度，突出优秀年轻干部培养使用。283 厂持续二十年开展职业技能竞赛，“以赛带培”筑牢企业根基。699 厂以技能竞赛为牵引，营造“比、学、赶、帮、超”的良好氛围，实现以赛促学、以赛促练、以赛促干，把“培训、练兵、比武、晋级、激励”有机融合在一起。

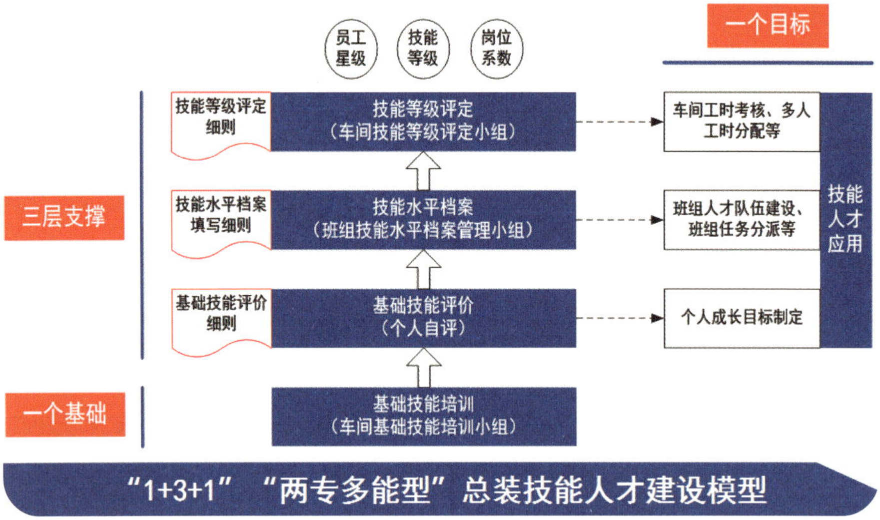

制定成才计划，培育高技能人才

在人才培育方面，重视“理论与实践”相结合，形成了“训战结合”的人才文化。二部系统开展“专业公开课”授课学习，精心梳理共性培养需求和共性资源，设置多门核心课程，全面拓展高层次科技人才知识面，实现工程实践与理论研究的有机统一。25 所针对重点人群实施精准培训，聚力打造精品培训项目，培训效能持续增强。中天鹏宇公司深化“实战型”教育培训体系，创办“物资大讲堂”、元器件培训、编码培训等，打造“鹏宇”培训品牌。699 厂建立“新立学苑”平台，举办各类专题培训，深化导师带徒，举办“青蓝携手共成长，薪火相传逐梦行”新立师徒故事会，传递师徒工作优秀经验做法，营造师徒共成长的和谐氛围。

在留住人才方面，坚持市场化方向、价值创造导向，充分激发人才创新活力，形成了“尊重价值、尊重创造”的人才文化理念。25 所完善多元化专项激励体系，建立优才待遇保障长效机制，实施优秀后备人才专项计划，探索知识产权激励手段，体现知识、技术等创新要素价值。699 厂开辟“榜 YOUNG 力量”“新立青年 AB 面”“这就是我的战场”等专栏持续宣传优秀青年事迹，让青年见贤思齐、学有目标。智慧产业公司深化绩效管理体系优化改革，对稀缺人才实施差异化激励，对核心人才、经营专业人才实施精准激励，强化“工资是干出来的”市场分配机制。

3. 创新机制，推动人才文化落地

二院经过 60 多年的发展，持续完善人才队伍建设，强调分类培养、交叉培养、定制化培养，实施各类培养计划，建立了对人才发展规律性的认识，形成了以科技、技能和经营管理人才为代表的人才发展格局，并在塑造历史认同、价值认同、情感认同中形成了航天系统认同的人才理念，积累了支撑航天事业从胜利走向胜利的人才发展经验。

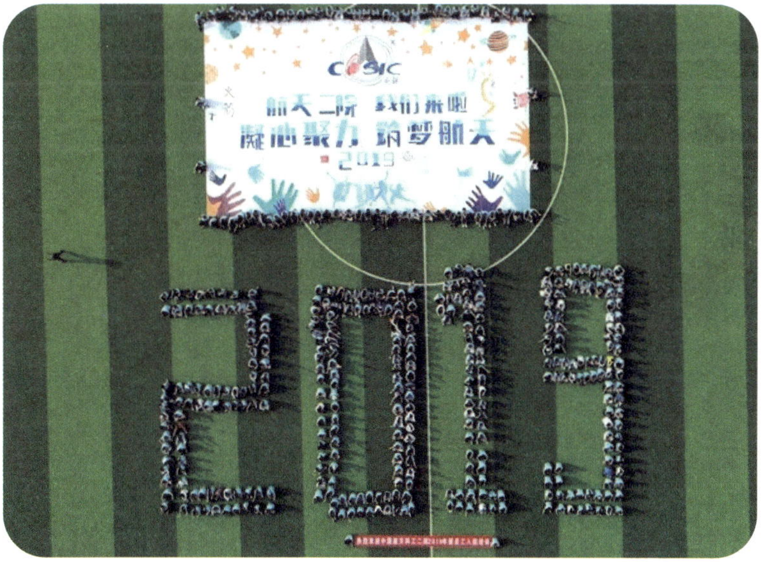

新员工培训感受文化力量

高层次人才有着不同于一般人才的成长规律，二院因此形成了“因材施教”的人才文化理念。二部试点推进总体人才跨室定向培养，全面打破部门、专业和型号任务的限制，建立人才库，把握各类人才发展特点要求，制定核心岗位能力知识图谱，及时评估动态优化，全面实施“一人一策”分级分类人才培养机制，加快领军人才成长速度。空间工程总体部落实科技人才成长计划，坚持把培养锻造行业领军人才作为抢占发展制高点的基石，围绕科技创新发展，立足核心关键领域，推树真才实干的科技领军人才。25 所大力实施青年设计师“飞跃计划”，以“一人一策双导师、一年一评递进培养”的思路，打造精导青年成长快车道。

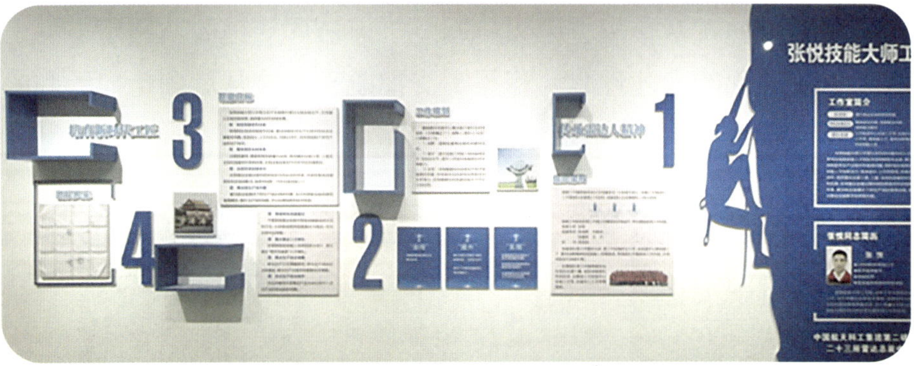

依托各类工作室，推动人才成长

根据工作领域的不同，可将航天人才分为“技术、技能、管理”三支队伍；根据航天人才成长特点，可将科技人才划分为“尖、高、中、青”四个层次。二院坚持事业发展与人才成长协调同步，通盘筹划三支队伍成长，同时将不同层次人才的培养活动与航天科研实践活动有机结合，形成动态差异化人才培养策略，形成了“选贤荐能”的人才文化。23 所着力优化所本部、京外机构、所属公司三个板块人力智力结构及规模，完善管理、专业技术和技能三支队伍的配置，提升专业师、型号队伍、技术群与实验室三个通道建设水平。283 厂持续举办各类创新大赛，与行业协会、技能院校等多级联动，持续加强各层级人才队伍建设，促进企业经营实际问题的有效快速解决，实现企业发展与人才双方发展的相互协调、持续发力和统筹推进。699 厂持续完善技能人才梯队建设，加强高技能人才选拔推树，以航天高技能人才评选为着力点和突破口，加快资源蓄集，形成带动作用。

发挥典型带动作用

加强人才队伍建设要突出一个“严”字，偏重一个“爱”字，两者相辅相成、互为补充。二院由此形成了“严管厚爱结合”“激励约束并重”的人才文化。网络信息总体部坚持价值创造导向，建立了全方位分层分类高绩效立体考核体系，打造了“高层次、创新型、规模化”的核心人才队伍。23 所革新“人才评价、多元化激励”两个机制和“培训、考核”两个体系，打造雷达与电子信息领域人才高地，建立“人才高速聚集、人才快速成长”的良性生态环境。智慧产业公司推进“两定两优”（定岗定编优效优员）工程，形成岗位图谱，发布《职级管理办法》，共 7 大序列 12 职级矩阵排列，形成管理类 / 专业类职涯发展双通道，鼓励专业人才安心在技术领域积累深耕，支持管理型人才不断推动体制机制的持续改进创新。

三、人才文化的时代价值

习近平总书记强调，要坚持党管干部、党管人才，坚持面向世界科技前沿、面向经济主战场、面向国家重大需求、面向人民生命健康，深入实施新时代人才强国战略，全方位培养、引进、用好人才，加快建设世界重要人才中心和创新高地。卓越的人才文化对于二院传承弘扬航天精神、激发职工创新创造活力、推动科技自立自强、建设世界一流企业具有重要意义。

1. 人才文化建设是推动高质量发展的有力抓手

人才是航天事业的发动机，航天事业是人才成功的推进器。加强人才文化建设，能使中国航天在事业的传承中铸就精神，在精神的传承中成就伟业。航天的火种在老一代航天人手中点燃，在一代代航天人手中薪火相传，形成了建设航天强国的强大动力。培育人才文化能够激励新时代的航天人秉承老一辈航天人留下的宝贵财富，把航天精神文化不断发扬光大，助力实现中华民族伟大复兴中国梦。

2. 人才文化建设是航天人才队伍成长的有力保障

文化的激励具有心灵的洗礼、情操的陶冶、视野的开阔、步伐的提速等作用，善用文化激励，可以收到其他激励难以达到的事半功倍的效果。二院人才文化建设坚持以人为本，贴合生活、学习、工作实际，为各类人才提供施展才华的广阔舞台，鼓励职工树立远大志向并不断为之奋斗，立足岗位做出不平凡的业绩，是知与行的统一，能够凝聚起奋进新征程的强大力量。

十年企业靠制度，百年企业靠文化。优秀的人才文化能够在企业发展和员工职业生涯规划中充分发挥导向性、约束性和凝聚性作用，为不断开创人才工作新局面提供有力保障，为各类优秀人才施展才华、建功立业搭建广阔舞台。

第四节　质量文化建设

质量文化是指企业和全体员工所认同的关于质量的理念与价值观、习惯与行为模式、基本原则与制度，以及其物质表现的总和。航天质量文化是存在于航天组织，为航天人所遵循、共享的与质量相关的理念、道德观、意识、准则和行为方式的总和。

二院认真学习宣贯《国防科技工业质量文化手册》和《航天科工质量文化手册》，深入贯彻落实航天科工质量文化建设纲要，制定了二院质量文化实施方案。二院质量文化建设传承航天优秀质量文化传统，坚持零缺陷理念，以“重心前移、系统预防”为重要特征的预防型质量文化建设为基础，追求卓越的航天先进质量文化建设。

一、质量文化的基本内涵

航天科工将质量文化作为传承弘扬航天精神的重要组成，坚持贯彻“十六字方针”，凝练出航天质量理念、质量道德观和质量行为准则等，大力推进零缺陷质量文化建设。近年来，航天科工坚持大力弘扬航天质量文化，进一步强化全员“零缺陷”质量意识。二院传承了航天特色、行业优秀的质量文化，几代航天人在长期从事航天工作中积淀形成了对质量重要性的认识，并将其总结归纳成系统的规章制度和文化理念，构成了独特的二院质量文化体系。

二院质量文化体系的结构从内层到外层分别由精神层面、行为层面和物质层面有机组成。精神层面是质量文化的灵魂，行为层面是质量行为规范体系及其运行机制，物质层面是质量文化的物化部分，这三个层面自内向外逐层落实。外层主要包括工作、生产环境、质量标志和文化设施等，是二院职工思想精神、质量意识和行为特征的反映。中层主要包括质量管理方面的各种规章制度、质量标准、质量法规等制度建设，也包括质量管理的组织机构、管理体制、运行机制、管理方法等基础建设，是二院质量基础建设的反映。内层主要包括二院各级领导及职工的质量意识、质量理念、质量哲学等，体现在二院全体职工的共同质量价值观、质量道德准则和质量行为规范等各方面。

在此重点介绍二院质量的理念、方针、道德观和行为准则等。

1. 质量理念

质量是航天工业实现任务成功的根本保障。航天质量文化坚持“国家利益高于一切”的核心价值观，航天产品的质量与国家的利益和人民的安危息息相关，影响着航天企业的生存和发展。“质量是政治，质量是生命，质量是效益”是航天人一脉相承的质量理念。

2. 质量方针

“系统管理，追求卓越，一次成功，顾客满意”是二院的质量方针。质量方针表明了二院的质量宗旨、质量工作总方向和承诺，体现了二院与时俱进的质量观，是制定质量政策和质量目标的总框架，也是全体员工必须遵守的基本准则和行动纲领。

3. 质量道德观

二院的质量道德观是“严、慎、细、实”“诚信为本、优质为荣”。“诚”和“信”是航天产品赢得质量、赢得信任、赢得荣誉、赢得市场、赢得顾客满意的基础。以“诚”作为道德之本、行为之源，强调言行一致、知行合一，以“优”作为产品质量和工作质量的衡量标准，以“诚”取“信”于员工、顾客、合作伙件、上级、国家和社会。

4. 质量行为准则

二院的质量行为准则是“严、慎、细、实”“照章办事，一次做对”。在各项质量管理活动中，人是最主要的决定因素，必须以人为本，发挥人的主观能动作用。二院员工质量行为规范的主要依据是二院的质量法规和制度、质量标准和规范、质量管理体系文件和产品保证管理及技术规范。

二、质量文化建设的实践与成效

二院推进质量文化建设的过程，是一个教育、实践、再教育、再实践的过程，逐步使职工自觉遵守质量法规习惯、自觉指导自己的行为、自觉地实行“决定的事就要去做，做就要做成，第一次就将事情做好”的原则，从而实现质量文化建设日常化、大众化。二院大力推进行业优秀的质量文化建设，通过建立相关制度机制，开展质量文化活动，促进全员在科研生产经营各项活动中践行质量文化，提升产品质量和工作质量。

1. 建设传承军工特色、行业优秀的质量文化

在二院 60 多年的发展历程中，积淀了深厚的质量文化底蕴，“严肃认真，周到细致，稳妥可靠，万无一失”十六字方针，“做老实人，说老实话，办老实事”“严肃的态度、严明的纪律、严格的要求、严密的方法”的“三老”“四严”优良作风，“72 条”“28 条”以及“归零双五条”标准，“严慎细实”的工作作风，等等。

二院传承了航天特色、行业优秀的质量文化，构成了独特的二院质量文化，让几代航天人长期从事航天工程形成的对质量重要性的认识和总结的规章和理念得到传承。

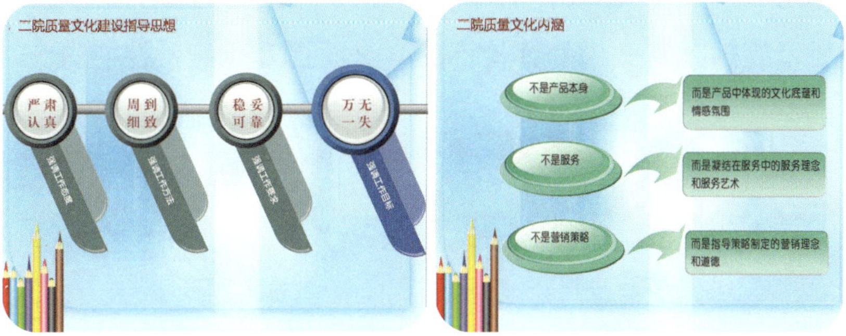

二院质量文化理念深入人心

二院高度重视质量文化建设和培育，不断丰富质量文化内涵，创新系列质量管理方法，打造“矩阵式”质量管理模式。“矩阵式”质量管理模式将“一次成功”的质量管理理念，通过“一次成功”为特色的系列质量管理方法，构建“单位质量管理体系为横向、型号产品保证为纵向”、型号产品为“连接点”和“落实点”的质量保证矩阵，达到一次成功的目标。

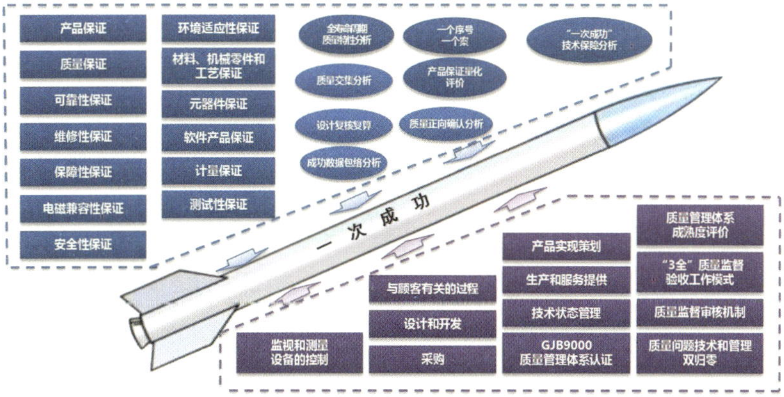

一次成功矩阵式质量管理模式

二院深入实施质量制胜战略，大力推进“零缺陷”质量管理，紧密围绕建设世界一流航天安全防务研究院战略目标，以“一一六三”（遵循一个意识、执行一个标准、抓好六项重点、夯实三个基础）为抓手，以打造精品装备确保战斗力提升作为“零缺陷”质量管理践行效果的评价标准，全面提升质量管控能力。

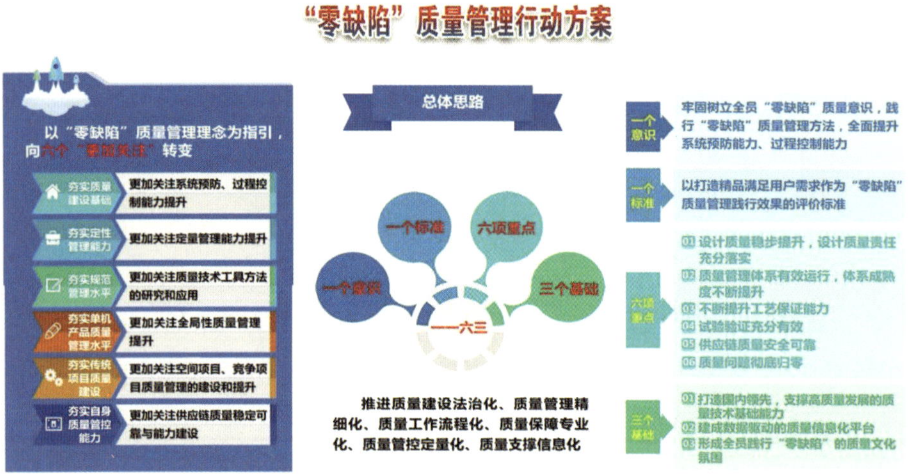

“零缺陷”质量管理行动方案图解

各单位在沿袭二院质量文化的基础上，发展出了各具特色的质量文化。二部坚持遵循“质量第一、顾客至上、一流设计、一次成功、持续改进、追求卓越”的总体质量方针，以体系能力分级要求为“尺”，以新体系持续建设为“梯”，推进装备建设高质量发展战略落地。23 所坚持“质量是生命、质量是责任、质量是财富、质量是人品”的质量文化理念。201 所坚持贯彻落实“质量至上、诚信可靠、服务一流、顾客满意”的质量方针。283 厂坚持“严肃认真、周到细致、稳妥可靠、万无一失”的质量指导思想，“质量是政治、质量是生命、质量是效益”的质量理念，倡导“诚信为本、优质为荣”的质量道德观，培育和强化员工以诚信为基础的质量道德、以敬业为基础的职业素养，以“执行程序、快速反应，一次做对、缺陷为零”为质量行为准则，形成公司级、部门两级质量文化。699厂提炼总结了“质量立厂、顾客至上、科学求实、追求卓越”的质量文化。“产品见人品、求精创卓越”是706所对产品性能、品质以及服务等永无止境的质量追求，强调把产品质量作为所的立身之本、信誉之源，不断强化精品意识，依靠精益求精、一丝不苟的态度创造卓越的品质和品牌，通过科技优势、生产优势与服务优势的结合构筑质量高地。

同时，二院不断从成功与失败中创新质量理念，尤其是从失败中汲取经验教训，凝结了宝贵的财富，为保证和促进型号工程的质量发挥了重要作用。

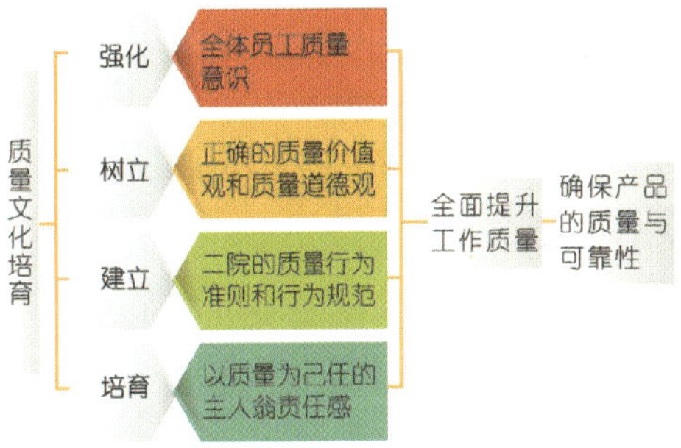

质量文化培育模型

固化形成质量文化手册

2. 建立质量文化建设的相关制度机制，实施奖惩激励

按照德法兼治的原则，二院建立质量保证投入、质量教育培训、监督审核、责任追究、专项奖励和质量工作考核等制度，设立了“质量优秀单位”“质量信得过班组”“质量标兵”等奖励项目，制定质量先进表彰办法、质量工作考核实施细则、质量责任追究管理办法、航天防务质量奖惩实施细则等制度，切实组织实施质量奖

惩激励制度，形成质量管理六大机制。各单位全面贯彻落实二院各项质量管理制度，结合本单位实际和业务工作特点，进行了适应性强化，确保各项制度可操作性强、可落地见效。

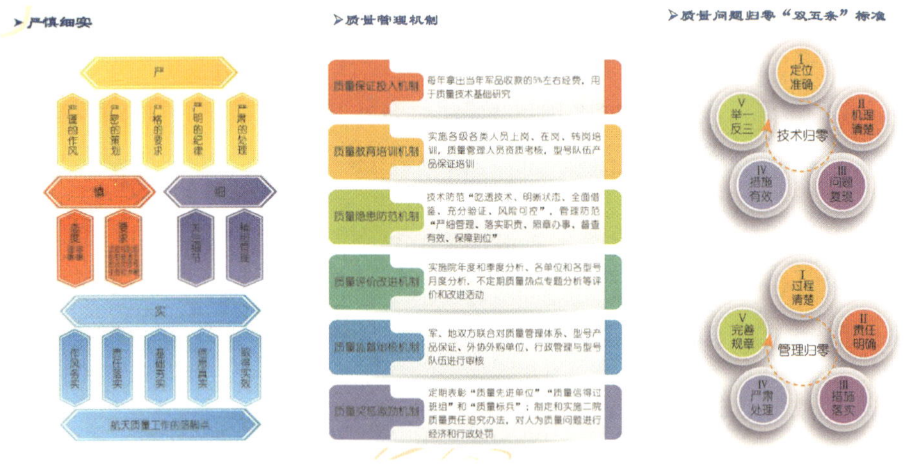

质量文化理念图解

各单位积极导入卓越绩效标准，引导和激励企业追求卓越的质量经营并不断提升自身的综合竞争能力。二部、206 所、283 厂获“全国质量奖”，206 所、25 所、283 厂获“航天质量奖”，张奕群班组获第三届“中国质量奖（一线班组）提名奖”，7 项成果获得 QC 国际金奖。

通过坚持不懈的质量机制建设，全院干部职工的质量意识得到有效提升，取得了一系列质量工作成果。二院先后荣获国家质量领域最高奖项——中国质量奖（第二届），获得全国质量奖卓越项目奖、全面质量管理推进 40 周年杰出推进单位、全国质量文化建设示范单位、全国产品和服务质量诚信标杆典型企业、全国质量诚信标杆企业等荣誉。

3. 质量文化被员工所接受，并在生产经营活动中践行

二院围绕科研生产任务重点，深入开展“航天质量日”、全国质量月主题活动，强化质量“零缺陷”意识，倡导第一次就把正确的事情做正确，通过多种活动、依托各类媒体及载体平台广泛宣传航天科工、二院质量文化核心内容，营造了浓厚的质量文化氛围。

各单位通过总结提炼经验，开展丰富多彩的主题活动，创新融媒体宣传形式，充分利用新媒体平台，创新宣传方式，通过海报、短视频、漫画等职工喜闻乐见的宣传作品，借助互联网快速传播的优势，推动“质量制胜”“质量零缺陷”“质量在我心中”等质量文化理念入脑入心入行，营造全院上下人人尊重质量、敬畏质量的良好氛围。

质量“零缺陷”主题漫画

二部举办“总体杯”青年“质量说”辩论赛，组织开展质量知识闭卷考试，促进质量知识融入岗位。空间工程总体部开展质

量评议、质量竞赛、质量演讲、质量宣传等主题活动，以点带面，将质量价值观融入日常工作中。201所针对元器件/材料选型、使用、工艺制造等过程中出现的“常见病”“多发病”，发布《元器件/材料典型质量问题案例》，总结提炼经验教训，有效减少质量问题的发生。283厂通过开展质量微讲堂、人员命名法等形式新颖的质量月活动，多渠道传播质量文化，倡导每一名员工都成为质量文化的践行者。699厂将质量文化充分融入日常工作中，印制小小“质量警示卡”放置在生产一线操作工位上，对操作者及时警示，以达到查漏补缺的目的，实现产品质量“零缺陷”；开展“巧思细探提质量”征文活动，由质量标兵撰写与质量相关的小知识或结合自身岗位工作提炼的小技巧等，制作成质量文化宣传册发放全厂学习。

院属单位开展丰富的质量文化活动

“质量是政治，质量是生命，质量是效益”的质量理念和“国家利益高于一切”的核心价值观，被广大员工所接受，“诚信为本，优质为荣”的质量道德观日益深入人心，“严、慎、细、实”“照章办事，一次做对”的质量行为准则已逐步成为型号产品质量、工作质量和服务质量的衡量标准。

三、质量文化的时代价值

企业质量文化建设和优化体现现代质量管理和实践的发展，是高层次的质量经营策略和战略。质量文化是质量管理的灵魂，是质量不可或缺的重要组成部分。没有卓越的质量文化，不足以支撑企业应对不确定的环境，实现快速发展；没有良好的质量文化，不足以支撑质量强国的实现。质量文化通过自身所具有的导向功能、激励功能和辐射功能，可以影响和引导员工的价值观，塑造员工对质量目标、质量观念、质量规范的“认同感”，从而提高产品质量，维护质量的稳定性；可以营造良好的质量氛围，从而提高员工的积极性、自主性和创造性，进一步激发员工的源动力；可以提高企业的知名度和公信力，树立良好的品牌形象，进一步扩大影响力。从一定意义上讲，质量文化是迈向成功的基石，质量文化建设决定了一个企业的未来，对于推动企业高质量发展具有重要的时代价值。

质量文化主题漫画

1. 质量文化是质量强国建设的思想基石

党的二十大提出要加快建设质量强国、航天强国。随着《质量强国建设纲要》的发布实施，为全面提高我国质量总体水平、提高经济发展质量效益指明了方向，“质量提升行动”深入各领域各行业，“品质革命”成为鲜明的时代标识。

我国正从航天大国向航天强国迈进，面对复杂多变的国家安全形势，航天产业的生存力、竞争力、发展力、持续力都亟需进一步提升，航天产品质量是航天事业发展的重要支点。进一步强化航天质量文化建设，对于将新时期航天质量管理的思想理念、行为规范和管理实践落实到每一名员工，提高全员的“质量意识、风险意识、责任意识”，筑牢全员的思想基石具有重要作用。

2. 质量文化是打造国之重器的重要保障

航天工程任务具有探索性、先进性、复杂性和高投入、高风险、高可靠要求等显著特点，决定了质量工作成为中国航天事业永恒的主题。航天人不断总结成功经验、吸取失败教训并持续创新发展，探索实践了具有中国特色的航天质量管理之路，有力地保障了“两弹一星”、北斗导航、载人航天、月球及火星探测和装备建设等一系列重大工程任务的圆满成功，极大地提升了中国的科技实力和国防实力。航天质量文化在航天事业伟大实践中不断发展和完善，为确保航天型号科研生产任务圆满完成，打造高品质的国之重器，提供了重要保障。

3. 质量文化是高质量发展的重要动力

推动高质量发展，质量文化建设不可缺位。质量文化建设是企业获取和维持长期竞争优势，培养企业核心竞争力的关键。创建具有自身特色的质量文化理念已成为企业在激烈竞争中获胜的必备要素。在浓厚的质量文化氛围中，员工不断增强质量意识，自觉遵守质量规则，逐步形成质量观念，进而推动工作高效开展。高素质的员工完成高质量的工作，高质量的工作保证高质量的产品，高质量的产品创造高效益的业绩，高效益的业绩实现高质量的人生价值，实现企业和个人的双赢。当前，中国航天事业已进入新的发展阶段，呈现新的特征，面临新的挑战，唯有持续推进质量文化建设，才能为航天事业的高质量发展提供源源不竭的动力和源泉。

第五节　安全文化建设

企业安全文化是被企业组织的员工群体所共享的安全价值观、态度、道德和行为规范组成的统一体。先进的企业安全文化是企业安全发展的动力和灵魂。二院打造安全文化所追求的安全价值观念既体现了普遍的安全文化特征，又凝聚了航天企业对安全的独特理解，在全院各单位中发展创新并不断赋予新的内涵。

一、安全文化的基本内涵

安全是人类生存永恒的主题，也是企业科学发展、健康发展、可持续发展的前提和基础。

广义上来讲，安全文化是指人类在生存繁衍和发展历程中，在从事生产生活乃至生存实践的一切领域内，为保障人类身心安全并使其安全舒适地从事一切活动，使社会变得和平繁荣而创造的物质财富和精神财富的总和，“以人为本”是其核心要义。企业的安全文化，是企业在长期安全生产和经营活动中，逐步有意识塑造的，为全体职工所接受遵循

二院安全生产文化理念

的，具有企业特色的安全思想和意识、安全作风和态度、安全管理机制及行为规范等。

二院安全生产管理原则

党的十八大以来，习近平总书记多次对安全生产工作发表重要讲话、作出重要批示，在全社会筑牢生命重于泰山的安全观。航天科工牢固树立安全发展理念，把安全生产工作放在“高于一切、重于一切、先于一切、影响一切”的位置，采取多种有力措施，全力保障科研生产安全和职工群众生命安全。

二院始终将安全文化建设作为企业文化总体建设的重中之重，牢固树立安全观念，扎根“三维重叠”体系，从安全制度文化、安全观念文化、安全物质行为文化三个维度，交叉融合构建起企业安全文化建设的坚实堡垒，以安全文化建设全面促进企业安全发展。

二、安全文化建设的实践与成效

安全文化建设的最终目的是建立可靠的科研生产安全保障体系，为了实现这一目标，首先要注重安全文化建设的顶层设计。二院推动安全文化建设，在整体建设构想上制定了三条总体要求，一是

安全文化主题海报

结合国家安全政策趋向与社会总体安全发展水平、结合二院自身当前安全文化的基础，依托“以人为本、预防为主、综合治理”的安全生产方针，在安全理念方面始终做到超前思考；二是将安全文化建设作为二院企业文化总体建设的一个重要方面，不孤立于企业文化之外，结合航天精神内涵，打造独属于航天军工企业的安全文化特色；三是在安全文化建设的方式、方法上不断创新，在安全文化建设的方法和途径上不断进行有益探索。

1. 把安全制度文化建设摆在首位，筑牢第一道防线

安全制度文化建设是企业安全文化建设的基础，是企业安全管理的依据。根据航天企业自身特点，二院制定了一整套完整的安全制度，包括党管安全的安全生产管理制度、党政同责的安全生产责任制度、全程监督的安全生产操作规程、预防为主的安全生产应急预案等，充分赋予安全制度文化建设可操作性、可执行性和可检查性，并不断完善更新。

党管安全，就是坚持党的领导，同时发挥党组织在安全生产中的重要作用；党政同责，是实行党政同管、同抓、同责。二院各单位在安全文化建设中坚决贯彻习近平总书记关于安全生产重要指示批示精神，充分发挥“党管安全”的政治优势，认真落实“党政同责、一岗双责、齐抓共管、失职追责”的工作要求，构建了党委统一部署、主要责任人带头、部门责任人传导、广大职工落实的良好格局。

二部以“一个落实、三个确保”为目标，坚持统筹发展与安全，始终将安全发展理念落实到企业发展的全领域、全阶段、全过程，建立网格化、常态化、规范化的安全生产管控机制，深入推进安全生产治理体系和治理能力现代化建设，为科研生产和各项经营

活动的高质量推进提供了坚实的安全保障。206 所定期开展安全文化主题宣讲活动，通过宣讲增强职工的安全责任意识和忧患意识，推动全员安全主体责任的有效落实。

“强化红线意识、落实党政同责、弘扬航天精神、实现安全发展”是 699 厂一直坚持的安全文化建设总方针，以此为基础成功将安全意识融入全体职工的日常工作、行为之中，归纳了“一个规划”“一支队伍”“一把标尺”“一项制度”“一本手册”安全文化科学长效机制“五个一”的五要素。中天鹏宇有效发挥安全风险分级管控和隐患排查治理双重预防机制作用，基于体系、标准化管理，充分利用先进科学技术与方法，统筹“人–物–环–管”协调发展。以党管安全为抓手，二院已经建立起一套切实可行的安全制度文化。

2. 持续推进安全观念文化建设，让安全观念入脑入心

观念，是认识的表现、思想的基础、行为的准则，建设企业安全观念文化，是增强职工安全意识、形成安全思维、落实安全行为的前提。“生命至上、安全第一”是二院一直以来安全观念文化建设的核心思想，安全维系人的生命安全与健康，“生命只有一次”“健康是人生之本”也是二院向职工反复强调的思想。针对安全观念文化建设，二院设计了“三育人三聚力”的发展路径。

“三育人”指宣传育人、知识育人、培训育人。宣传育人是二院安全观念文化建设最重要的实施手段，通过把安全教育理念融入职工科研生产的全过程，潜移默化地植入安全意识；知识育人是以安全知识教育实践为载体，培养职工在科研生产活动中自觉、自律的安全意识；培训育人则是通过定期组织安全生产培训，对职工的安全观念不断进行强化。“三聚力”指聚力“我要安全，生命至

安全生产知识竞赛

上”，协同推进二院安全观念文化建设的创新；聚力“我能安全，安全第一”，统筹提升全院安全观念、意识总体水平；聚力“我讲安全，以人为本”、全面营造安全人人讲、观念入人心的安全观念文化氛围。

围绕安全观念文化建设，以建塑共同的安全价值观为目标，二部打造具有空天防御特色的安全文化观念体系，让安全成为全员的第一意识，在潜移默化中把安全理念渗透到员工内心深处，根植在脑海里，落实在行动上，形成共同的安全价值观和行为准则，将安全文化的潜在影响力转化为推动企业高质量发展的强大战斗力。以“一个落实、三个确保”为目标，坚持统筹发展与安全，始终将安全发展观念落实到企业发展的全领域、全阶段、全过程，建立网格化、常态化、规范化的安全生产管控机制，深入推进安全生产治理体系和治理能力现代化建设，为科研生产和各项经营活动的高质量推进提供了坚实的安全保障。

23 所将“以人为本、安全第一、预防为主、遵守法规、持续改进”作为企业的安全文化理念，坚决筑牢职工安全红线意识，压紧安全责任链条，守住安全风险底线，从宣传角度，突出宣传安全生产工作举措和成效，开展安全文化建设主题教育活动。

25 所以安全生产信息化移动平台、实景实训、情境创意等方式开展多项以主要责任人带头、部门责任人传导、广大职工互教互学为核心的安全文化建设活动，立足于提升职工“根植于心的安全素养”。同时充分调动党、政、工、团、纪检等部门，紧密配合，不同业务部门从不同角度搭建安全文化宣传阵地，凝心聚力，做到安全齐抓共管。

长峰新联等单位通过开展安全文化现状调研，结合实际情况，建立公司安全文化理念，提炼安全文化理念体系，印发安全文化手册，通过宣传、教育等固化安全理念，让安全观念不断深入人心。

3. 建设安全物质行为文化，让安全文化落地生根

无危则安，无损则全，安全物质与安全行为的落实是企业科研生产安全的基石，安全物质与安全行为文化建设密不可分，也是二院安全文化建设的重要一环。安全物质文化是整个科研生产中所使用的保护员工身心安全与健康的工具、原料、设施、工艺、仪器仪表、护品护具等安全器物，安全行为文化则是在安全观念文化的指导下，职工形成的在生产生活中的安全行为准则、行为模式的表现。只有安全物质文化建设完备，安全行为文化才具备落实的可能。通过建立完善一整套完整、有效、及时的安全器具使用、维护、保养与试验程序，在科研生产现场明确安全器具的使用情况、使用流程，定期对安全器具进行检查，二院不断完善建设企业安全物质行为文化，以特色活动开展为手段，让其真正深入人心。

“全民参与，不做安全旁观者；家企齐心，共创安全新局面。”这是25所秉持的安全行为建设准则。25所以职工为本，秉承“从群众中来，到群众中去”的建设思路，一方面开展“安全员谈安全”“我为安全献一计”“查找身边隐患 为安全出谋划策”等活动，有效提升广大干部职工参与安全工作的热情，规范日常安全行为；另一方面，以《致精导家属的一封安全家书》等形式与职工家人联通安全纽带，家企合力，共同营造良好安全环境。

以党建活动引领理念教育，以文化载体促进理念传播，以责任清单推动员工履职，以体系改进健全行为规范，206所积极推进以专项整治杜绝“三违”行为，以实训教学提升隐患排查能力，将安全行为文化建设落到实处，取得从理念引领、制度完善、技能培育，到最终实现行为规范的建设成果，为企业安全行为文化建设提供了内在动力。

员工是企业最宝贵的财富，208所围绕保护员工的健康和安全，积极落实职业健康安全方针，强化全方位安全学习教育，教育员工严格执行安全规章制度，杜绝“三违”行为，认真履行岗位安全工作职责，并努力为员工创造和谐、安全、文明、舒适的工作环境。

283厂通过广泛开展安全生产主题文化活动，持续营造浓厚的安全文化氛围，大力推行工艺本质安全设计，规范工艺安全源头设计。长峰新联公司按照“从实际实用出发，发动全体人员参与，联合所有力量，创新方式方法”的原则，以规范标准为要求和指导，开展安全文化建设，搭建安全交流平台和沟通渠道，确保各层级、各类型的人员安全知识共享、共管、共同提高。

4. 创新安全文化建设形式，形成具有航天特色的安全文化品牌

文化建设的核心在人。在航天军工领域，提高职工的安全意识，形成共同的安全价值观和行为准则不仅关乎个体的生命安全，更关乎国家安全。二院始终致力于创新安全文化建设形式，调动起职工参与安全文化学习、建设的积极性，围绕安全文化理念，持续深化企业安全文化建设。二院各厂所以创新形式建塑安全价值观为目标，打造具有空天防御特色的安全文化体系。

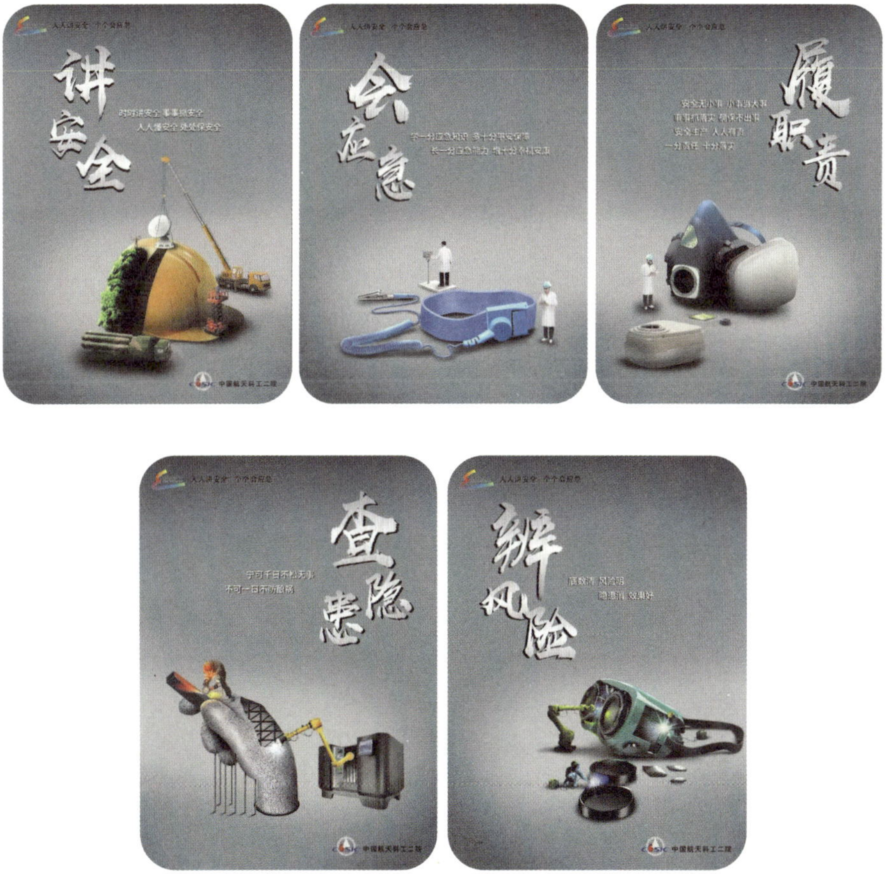

安全文化主题海报

将安全价值观念与科研生产相结合，206 所积极布局应急安防产业板块，打造“航天卫士”品牌。二部以“安全生产月”等活动契机，积极组织开展“总体人谈安全”“安全承诺践诺——共植安全承诺树”“手绘逃生路线图”“火眼金睛来找茬”等一系列契合科研生产、形式多样的安全宣教活动，营造“人人心系安全、人人确保安全”的浓厚氛围。25 所组织“点亮安法明灯，照亮企业征程”“我的安全我负责，我的责任我担当”“人人添砖加瓦，共筑安全长城”等为主题的安全文化活动，开展全国安全知识网络答题、安全生产动漫主题视频、沙画创作、网络互动交流、互联网直播等多种形式的线上线下活动，传授和普及安全生产知识，营造浓郁安全文化氛围。699 厂充分运用微信、抖音等新媒体，开展“安全我视角”短视频大赛、线上直播互动、线上安全体验等活动，拍摄《危险化学品安全管理》安全教育培训视频片，并开展安全隐患摄影比赛、“安全管理奖与罚”辩论赛、“三零三防”班组安全宣教等活动，形成了具有本企业特色的安全文化。

在企业安全建设方面，二院各厂所屡获佳绩。在 2023 年第四届中国安全生产协会安全科技进步奖表彰中，二院 12 个项目获奖，是历届获奖最多的一次。其中，25 所项目获一等奖。在此前的第三届安全科技进步奖表彰中，二院首次获一等奖，为 203 所项目。另外，206 所连续四届获奖，207 所连续三届获奖。283 厂不断深化开展“企业安全达标”“班组安全达标”和“全国青年安全示范岗创建”活动，2013 年通过“全国安全文化建设示范企业”复审，提炼出“持续发展型”安全文化建设体系，2015 年再获“全国安全文化建设先进企业”，2016 年获全国安全文化建设典型案例，“四层次三维度持续发展型”安全文化建设模式获评全国安全文化建设“十大典型模型”。699厂于2019年获评“全国安全文化建设示范企业”。长虹公司于2022年获评“广西自治区安全文化建设示范企业”。长峰新联公司于2022年获得“北京市安全文化建设示范企业”荣誉称号。

三、安全文化建设的时代价值

随着全球化、信息化和工业化的日益发展，新时代企业安全文化建设对于可持续发展具有重要的时代价值。

1. 安全文化建设是提高企业竞争力的必要条件

一个重视安全文化的企业，不仅能够增强员工的归属感和自豪感，还能够提升企业的形象和信誉。在市场竞争日益激烈的今天，企业的形象和信誉对于企业的生存和发展至关重要。建设新时代企业安全文化，是提高企业的竞争力，赢得市场和客户信任的必要条件。

重视企业安全文化建设会带来诸多经济效益。通过提高员工的安全意识和技能水平将大幅降低生产事故发生的概率，减少由此带来的经济损失；通过优化生产流程、改善工作环境等措施，可以提高生产效率和管理效率，从而带动企业整体素质的提高，提高企业的软实力和市场竞争力。

2. 安全文化建设对于企业可持续发展具有重要意义

当然，新时代的企业安全文化不仅关注企业的经济效益，更注重企业的社会效益和可持续发展。在安全文化建设中，企业不仅要关注生产过程中的安全问题，还要关注环境保护、员工福利等方面的问题。通过推进绿色生产、低碳发展等措施，可以提升企业的社会形象和社会责任感。同时，安全文化的建设还有助于提高企业的抗风险能力，保障企业的稳健发展。

新时代企业安全文化对于企业的可持续发展具有重要的时代价值。安全文化在提升企业形象和信誉、提高生产效率和经济效益、推进可持续发展以及培养高素质的职工队伍等方面发挥着重要作用，加强安全文化建设有助于实现企业的长远发展目标。航天军工企业作为我国国土安全保障的坚强后盾，重视安全文化建设，更会对社会的繁荣和稳定作出积极贡献。

第六节　保密文化建设

保密工作事关国家安全和根本利益，历来是党和国家的一项重要工作。革命战争年代，做好保密工作就是保生存、保打赢、保胜利。和平建设时期，做好保密工作对于单位就是保安全、保稳定、保发展，对于个人就是保幸福、保家庭、保前途。在装备建设过程中，安全保密是军工单位固有属性，因此保密文化也是军工文化的重要组成部分。

一、保密文化的基本内涵

保密文化是保密工作特有的保密性、实用性、保密思维的创新性等具体属性的表现，包括精神理念层、制度行为层、物质形象层三个层面和政治性、强制性、创新性三个特征，具有思想引领、价值认同、行为规范、服务保障、氛围营造等作用。

二院保密文化是在二院事业发展历程中，在航天精神的培育下形成的企业文化，是指导保护国家秘密安全、维护国家利益而形成的思想意识、价值观念、精神成果，以及相应的行为方式、制度规范、物质载体、保障条件和社会效应的总和。二院保密文化是二院软实力的重要内容和核心要素，是民族独立、国家安全、企业发展、职工幸福的重要精神支柱和动力源泉。

二、保密文化建设的实践与成效

自建院起，二院便高度重视保密工作，结合工作实际开展以保密安全为主的群众运动，加强人员的思想教育，发动和组织全体人员提高保密观念。

开展保密实训平台竞赛

从 1998 年开始，二院每年 8 月都围绕院中心工作、保密形势与任务确定不同的主题，组织开展保密宣传月活动，迄今已有 26 年。通过宣传教育，每个职工都清醒地认识到：二院承担着富国强军、维护国家安全的神圣使命，我们的工作性质和使命决定了二院的每个人都必须毫无条件地做好保密工作，只有做好保密工作才能从事涉密岗位工作并在岗位上履行职责，才能把保守国家秘密视作国家、单位和职工自己的生命线，真正在思想上筑牢国家安全和保密防线。

多年的工作实践证明，只有通过持续不断的、贯穿于涉密人员从事涉密岗位的全生命周期保密宣传教育和管理，才能使涉密人员牢固树立保密就是“保国家安全、保企业发展、保家庭幸福、保个人前途”的理念，才能使保密文化入脑入心，落地生根。因此，二院非常注重保密文化建设，2003 年，二院与专业公司联手设计制作了突出二院特色的保密宣传海报和提示、警示标识及《保密宣传手册》，利用视觉识别系统，以统一标识设计，推广保密工作理念，使之形象化、生动化、具体化，并使广大职工从清桌锁柜、使用保密本、人离门锁、安全使用手机、计算机安全注意事项等日常行为和点滴小事做起。近年来，二院持续加强传统宣教方式与新媒体的融合，不断开拓保密宣教新阵地。围绕建党 100 周年庆祝活动，举办安全保密展，引导广大涉密人员重温党的保密工作历史，弘扬保密工作优良传统，强化涉密人员安全保密警示教育。创新举办保密实训平台、青年保密论坛、“保密大讲堂”等活动，提高职工安全保密责任主体意识，强化实操技能的培养。二院连续 10 年荣获航天科工保密宣传教育月活动优秀组织奖，以微视频《茧爱》为代表的一批作品在国家保密局等上级组织的保密宣教作品评选中获奖。

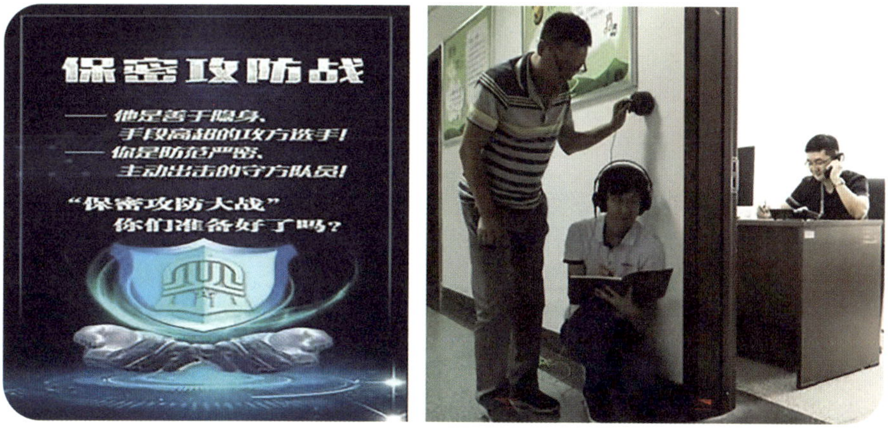

开展保密攻防战活动

在院的整体推动下，各单位也结合本单位的实际，创新开展了丰富多彩、形式多样的保密宣教活动，加强保密管理能力提升，持续推动保密文化的创新与传承。

1. 充分发挥“党管保密”这一最大的政治优势和组织优势

“党管保密”是党的优良传统，也是特有的政治优势和组织优势。正是有了党的坚强领导，保密防线才能筑得牢、筑得紧，保密工作的作用才能在革命、建设、改革等各个时期得到充分发挥。也正是因为坚持党的领导，二院的保密事业才能不断取得进步。

为确保“党管保密”在基层部门的有效延伸，二部在基层保密管理上充分发挥好党支部的战斗堡垒作用，创新开展“党支部 + 保密”的工作模式，将保密工作融入党支部的各项活动中，为基层部门做好保密工作提供了有力抓手，大大增强了基层部门的保密管理能力。在二部等单位，各研究室均建立了独立的党支部，并设置专职支部书记岗位，分管部门的保密工作，为“党支部 +”保密工作的创新开展提供了坚实的组织基础。

各党支部根据党建工作计划，结合部门实际，积极开展以“党的保密优良传统教育”“保密警示教育”等有特色的主题党日，在“三会一课”中通过对保密宣传教育书籍《红色信仰》等的学习，以重温入党誓词、支部书记讲授保密党课、“党群心连心”谈心谈话等，不断增强职工保密意识。

2. 强化保密科技手段，推进保密管理能力提升，与中心工作长效融合

进入信息化时代，二院各单位将智能化、数字化新兴科技运用在保密文化建设中，提升保密科技支撑体系建设水平，充分发挥技

防手段效能，持续强化保密管理能力提升，保障中心工作顺利开展。

206所持续开展信息资产自查清理、强化网络安全技术加固、加强通讯工具和软件的防控，推进保密工作安全巡查常态化，以涉密人员、涉密信息设备、涉密载体管理等为重点，仔细查、严格查、反复查，压实保密管理主体责任，把日常保密监管融入业务工作方方面面，不断查缺补漏，确保及时消除风险隐患，为中心工作开展保驾护航。

706所作为计算与控制技术领域的“国家队”，坚持以信息技术创新驱动保密管理提升。在学习、使用先进保密新技术、新设备、新措施的基础上，加强保密制度创新、方法创新和机制创新的研究。分步夯实技防建设，提升监管能力，以保密管理提升牵引保密科技创新。搭建所级创新平台，引导基层探索新一代信息技术在保密领域创新应用，组织保密科技创新课题研究，组织保密管理提升创新论文撰写活动，助推保密工作转型升级、提质增效。

3. 创新教育形式，营造良好氛围，持续开展特色保密文化建设

二院各单位主动创新保密文化建设，因地制宜开展特色保密文化阵地建设。通过保密宣传教育打造内化于心外化于行的保密文化，在潜移默化中使保密理念、保密意识入脑入心，成为职工自觉的情感认同和一致的价值取向，在全级次、多领域范围内汇聚起同频共振的保密合力，为保密文化建设营造良好氛围，长效推动保密工作的春风化雨和久久为功。

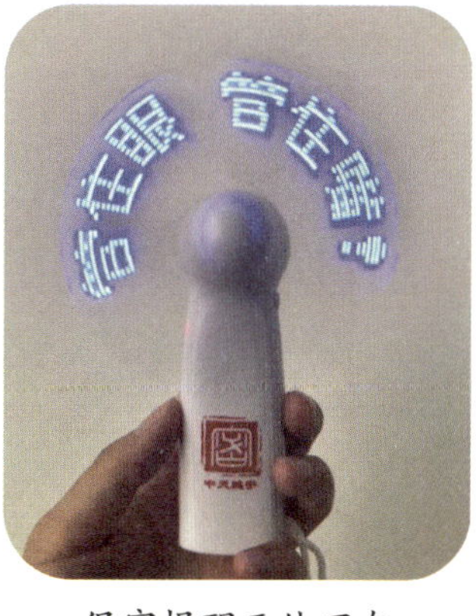

保密提醒无处不在

在公共区域摆放保密主题海报

23 所大力宣传“国家利益高于一切，保密责任重于泰山”的保密价值观，深入宣传保密就是保企业发展、保家庭幸福、保个人平安的保密理念；保持常态化的保密教育和监督检查，每年组织开展主题宣传活动，强化全员保密意识，提高全员反间谍安全防范意识和能力。

25 所利用“保密宣传教育月”“国家安全日”“网络安全教育周”等时间节点，通过技能实操实训、线上线下考试、多媒体信息推送等多种手段反复灌输、不断强化，营造“人人学保密、人人会保密”的良好保密宣传氛围。组织开展保密征文、演讲比赛、知识竞赛、知识讲堂、拍摄宣传教育片、保密主题教育等活动，把保密文化理念融入到各项文体活动中，深化干部职工对保密文化理念的认同感，并逐步内化为工作中的自觉行动，促进保密文化建设全方位提升。

207 所举办“保密知识竞赛技能比武”，让涉密人员最大限度地参与保密知识互动；组织“大家来找茬”保密情景剧大赛，由职工自编自导自演保密主题情景剧，让职工在轻松愉快的氛围中学习理解保密知识，把一条条法规真正融入实际工作生活中去体味、去思考；录制《大明秘史》保密宣传舞台剧，在微信平台进行广泛传播，营造“学保密、懂保密、守保密”的浓厚保密文化氛围，有力推动保密文化建设。

208 所通过实训平台培训、开展影评发布、拍摄微电影和微视频等活动，多角度、全方位弘扬航天精神、学习保密知识，营造良好的保密文化氛围；开展《密影寻踪》影评教育活动，以耳目一新的方式向职工宣传了保密知识，系列保密宣传教育活动的开展，将保密文化植根于所的创新发展，融入到所的愿景目标，实现了“以高水平安全保障高质量发展”的总体要求。

283 厂持续营造“人人都是保密员”的新风保密文化氛围，创新教育方法，拓展宣传渠道，扎实做好新形势下的保密文化宣传再教育。举办“保密奇葩说”活动，组织全体涉密人员开展保密“剧本杀”特色活动等，开展沉浸式的保密实景剧本体验，增强员工保密责任主体意识。

699 厂组织开展“保密宣传教育下基层”活动和“遵规守密、平安新立”保密知识竞赛；举办“人人话保密”微视频征集评选活动，讲述、诠释、宣传新时代保守党和国家秘密的理念、意识、常识、方法技能，进一步巩固保密防线，提升全员保密意识，形成“人人知保密、人人重保密、人人会保密”的良好保密文化氛围。

中天鹏宇围绕“不听、不看、不说”的公司保密管理核心理念，以国风理念设计“密小圆”“密小跳”“密小聪”保密形象，并注册了品牌版权，目前形成囊括保密文化抱枕、挎包、雨伞、保密防拍照贴纸、保密拼图、电脑警示标贴、保密管理流程手册等保密文创产品，同时根据业务特点选取不同车型打造外场试验移动保密阵地，确保人员到哪里，保密文化延伸到哪里，构建了工作 + 生活，教育 + 时效，本部 + 外场的立体化保密文化体系。

智慧产业公司以保密安全月为契机，开展微视频创作、撰写保密论文、设置宣传展板、集中学习观看警示教育录像、保密竞赛答题、保密观线上培训等活动，既增加趣味性又潜移默化地提升职工的保密安全意识。

三、保密文化建设的时代价值

军工事业伴随新中国的成立发展壮大，经过60余载的沉淀和凝练，形成了特有的军工文化谱系，保密文化作为军工文化的重要组成部分，具有悠久的历史和优良的传统。新时期保密形势更加复杂，任务更加艰巨，加强保密文化建设，通过坚持不懈的宣传教育、文化塑造，能够更好地引导广大职工牢记强军首责，继承和发扬老一辈军工人优良的保密文化传统，树牢“国家利益高于一切”的安全保密核心价值观，自觉将遵守安全保密法律法规融入日常工作习惯中，强化广大职工对安全保密工作的心理认同和行为趋同，建设人人有责、人人尽责的安全保密治理共同体，形成维护装备建设安全和国家秘密安全的强大合力。

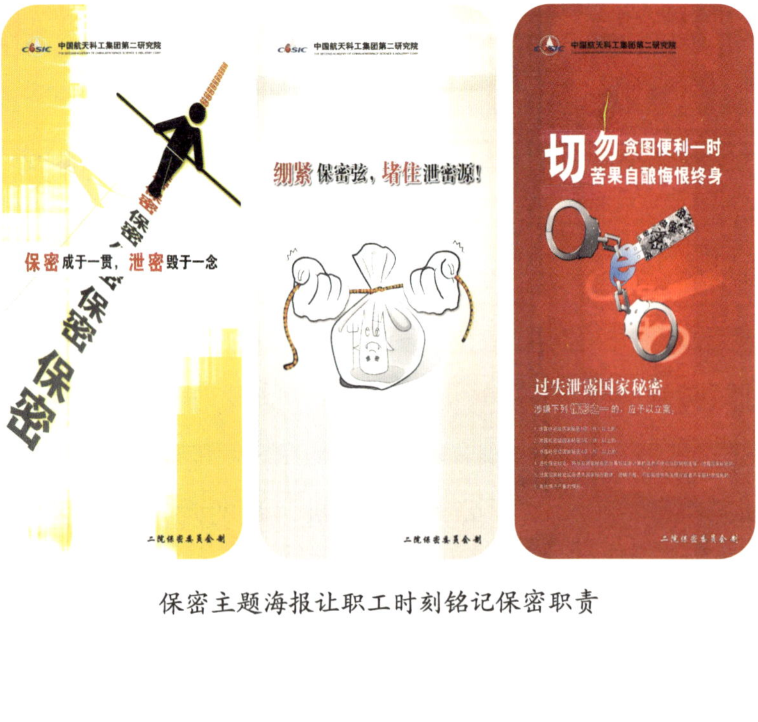

保密主题海报让职工时刻铭记保密职责

1. 保密文化凝聚忠诚担当力量

对航天事业的忠诚与担当，离不开保密文化的熏陶和涵养。保密文化充分体现着保密工作的价值追求、制度体系、技术支撑，为保密工作提供着强有力的思想保证、精神动力和智力支持。浓厚的保密文化氛围，可以在潜移默化中将保密理念融入职工思想，成为自觉的情感认同、一致的价值取向和共同的审美标准，可以从深层次凝聚职工共识，增强职工保密意识、严守保密纪律、提升忠于航天事业的凝聚力、向心力，为航天事业的高质量发展创造有利条件。

2. 保密文化服务保密创新实践

航天保密文化中的科学理论思想、崇高理想信念和坚定政治信仰，为保密实践的科学发展提供精神支撑。保密文化在引领保密实践的过程中，始终不断强化职工的爱国情怀、集体精神，体现“国家利益高于一切”的企业核心价值观，引领职工统一思想、统一行动，形成团结一致、坚不可摧的整体，发挥文化独有的特殊功能和作用，以文化人、以文兴企。同时，保密文化是一整套蕴涵保密价值观念、保密思维方式、保密理论、保密法规的完整体系，是保密实践的行动指南，具有强大的指导作用。

3. 保密文化保障科研生产中心工作顺利完成

保密文化是航天企业文化的重要组成部分，是在航天科研生产中心工作实践中不断发展的文化。保密工作是航天企业科研生产中心工作的红线和底线，做好新时期保密工作，关系到国家安全和利益，也关系到航天事业的生存与发展。当前，随着科学技术的不断进步和发展，保密工作的内容、范围、形式都发生了一系列重大变化，窃密技术更先进、范围更广泛、手段更多样，使保密工作面临的形势更加复杂多变，应对的任务更加艰巨繁重。加强保密文化建设可以有效增强职工保密工作人人有责、保密责任重于泰山的保密意识，有助于营造安全稳定、和谐向上的工作环境，更有利于保障、推进科研生产中心工作的圆满完成。

第七节 廉洁文化建设

党的二十大报告指出："加强新时代廉洁文化建设，教育引导广大党员、干部增强不想腐的自觉，清清白白做人，干干净净做事。"廉洁文化是文化建设的重要内核，加强新时代廉洁文化建设，是建设廉洁政治、涵养风清气正的政治生态的内在要求和基础性工程。

二院把廉洁文化建设作为一体推进不敢腐、不能腐、不想腐的基础性工程来抓，将党风廉政建设工作与企业发展和文化建设相融合，带动各级党组织深入推动新时代廉洁文化建设，教育引导广大干部职工从思想上正本清源、固本培元，推动形成崇清尚廉、拒腐防变的新风正气和良好生态，为推进二院全面从严治党向纵深发展提供重要文化支撑和精神保障。

一、廉洁文化的基本内涵

廉洁文化，是人们关于廉洁的知识、理论、信仰和与之相适应的表现形式、行为准则、价值取向及其相互关系的文化总和。廉洁文化是政治文明和精神文明相互融合的文化形态，新时代廉洁文化内涵丰富、意蕴深厚，反映了中国共产党人克己奉公、崇廉拒腐、尚俭戒奢的价值理念，也反映了社会公众对廉洁价值、廉洁规范、廉洁风尚的价值追求。加强新时代廉洁文化建设，对于推进全面从严治党向纵深发展，培育风清气正良好政治生态，推进社会主义文化自信自强具有重要意义。

二、廉洁文化建设的实践与成效

系统推进廉洁文化建设

新时代廉洁文化的生命力在于实践，习近平总书记关于新时代廉洁文化建设的重要论述以及党中央《关于加强新时代廉洁文化建设的意见》，为推进新时代廉洁文化建设指明了路径和方向。二院及院属各单位在深入学习和领会的基础上，统筹谋划加强新时代廉洁文化建设的方法路径，坚持运用系统思维，融合航天特色，丰富文化内涵，创新文化载体，积极构建廉洁文化建设矩阵，扎实推进新时代廉洁文化建设取得实效，推动廉洁文化建设在空天防御事业发展中发挥重要支撑作用。

1. 坚持系统谋划，完善顶层设计，形成内外合力

二院坚持以习近平新时代中国特色社会主义思想为指导，贯彻落实党的二十大精神和二十届中央纪委全会战略部署，将廉洁文化

建设融入企业发展战略大局，积极探索有效机制，突出共性、兼顾个性，构建体系、搭建平台，推动形成廉洁文化建设多方参与、成果共享的良好氛围。

廉洁文化主题海报

完善顶层指引。打造整体联动、内外协同、路径清晰、全面覆盖的廉洁文化建设体系。把廉洁文化建设纳入党风廉政建设和反腐败工作总体布局，印发《二院关于加强新时代廉洁文化建设的实施方案》，明确总体目标、主要内容、重点任务，构建党委统一领导、党政齐抓共管、纪委组织协调、工作部门各负其责、全员共同参与的责任体系，为两级廉洁文化建设提供顶层遵循。

构建系统模型。积极传承中华优秀传统文化、社会主义先进文化，发扬航天文化、二院企业文化，系统构建二院廉洁文化“3I”系统。在核心理念系统（MI）建设方面，广泛征求各类岗位人员意见，提炼明确了二院廉洁文化理念、廉洁企业愿景、廉洁建设方针；在视觉识别系统（VI）建设方面，设计了涵盖“清风神盾”系列LOGO、航小廉、航小洁廉洁形象代言人等在内的标识谱系，并在内外宣传、重大活动及文创制作等工作中广泛运用；在行为识别系统（BI）建设方面，制定了由“一准则一规范三守则[①]”组成的二院党员干部职工行为规范体系，重点围绕领导干部这一“关键少数”，规范了领导班子成员、型号（项目）两总系统人员、各级管理人员等三类关键岗位人员廉洁守则。

形成内外合力。内外协同推动军地廉政共建，组织参观二院院史馆、二院反腐倡廉警示教育基地，着力促进平台共享、文化互通。横向沟通建立廉洁文化建设协调工作机制，督促党群、人事、工会等部门加大宣传力度，把廉洁教育纳入干部培训内容，共同组织廉洁文化创建项目和课题调研，统筹廉洁文化成果运用。纵向联动指导各单位探索创新，发动广大职工群众力量，合力推动文化创建。

2. 积极作为，系统推进，构建整体协同联动格局

院属各单位党委、纪委担负起廉洁文化建设的政治责任，将廉洁文化建设作为一体推进不敢腐、不能腐、不想腐的基础性工程，自觉提高政治站位，积极主动作为，结合实际不断创新、凝聚合力、系统推进，以扎实开展廉洁文化建设推动广大党员干部职工提

① “一准则”即《中国共产党廉洁自律准则》；“一规范”即领导人员廉洁从业行为规范；“三守则”即领导班子成员、型号（项目）两总系统人员、各级管理人员等三类关键人员岗位廉洁守则。

高思想认识、增强政治定力、激励廉洁从业，推动形成文化建设全员参与、成果全员共享的良好氛围。

开展系列活动推动廉洁文化建设

涵养廉洁理念，激励勤廉敬业，保持拒腐蚀永不沾的政治本色。清正廉洁是马克思主义政党的内在要求，是中国共产党与生俱来的价值取向和一以贯之的政治本色。涵养清正廉洁价值理念是加强新时代廉洁文化建设的核心问题，需要多措并举，协同推进，把清正廉洁价值理念内化为党员干部的自觉追求，营造和弘扬崇廉拒腐的清风正气，为一体推进“三不腐”夯实思想根基。

二部主动落实《中央关于加强新时代廉洁文化建设的意见》，积极探索廉洁文化的内涵和载体，制定并印发《二部关于加强新时代廉洁文化建设的实施方案》，结合航天特色与总体特点，凝结集体智慧，提炼以“正心、尚廉、律己、奉公”为核心的廉洁从业理念。706 所纪委从知行合一、克己持敬的中国传统思想文化出发，基于人的心性与行为的内在关系提出以“正心正行，慎独慎微”为核心的廉洁理念。正心正行，就是要正直无私、行事坦荡；慎独慎微，就是要时时警醒、处处戒慎。283 厂纪委吸收传统文化、航天精神和企业文化的养分，提炼形成“勤廉成业、正气兴企”航天新风廉洁文化核心理念，形成“干事、干净”的行为指南，构建了政治铸廉、教育倡廉、制度固廉、监督促廉、惩治护廉、家庭助廉、文化育廉、生态兴廉为一体的廉洁文化体系。

编制廉洁文化手册

加强制度建设，强化党内监督，推动党风廉政建设不断向纵深发展。二院以党内监督为主导，从勇于自我革命、保持党的先进性和纯洁性的高度，加强廉洁文化制度建设，在理论上积极更新、在措施上不断强化、在实践上深刻总结，坚定推进自我革命，进一步优化形成上下贯通、有机衔接的制度体系，形成推进清廉二院建设的监督合力。

空间工程总体部持续涵养廉洁文化制度建设，一体推进“三不腐”制度机制和实践载体，持续推动三者同时发力、同向发力、综合发力，把不敢腐的震慑力、不能腐的约束力、不想腐的感召力结合起来，准确把握“惩、治、防”辩证统一关系，让党员干部因敬畏而不敢，因制度而不能，因觉悟而不想。长峰新联公司构建多维度“1+3”廉洁教育监督体系，“1”即完善“书记谈书记”常态化提醒机制，用廉洁文化的力量，时刻警示和提醒重点对象廉洁履职；“3”即通过基层调研访廉、重点领域督廉、监督考核评廉，实现对“一把手”监督抓在经常、融入日常、严在平常，强化对“关键少数”的教育、监督。中天鹏宇公司落实中央八项规定及其实施细则精神，形成《廉洁从业行为禁止十三条》并进行宣传教育，持续开展重要节日节点正风肃纪工作，开展作风建设专项监督，落实自查自纠工作要求，制定措施清单，并监督各主责部门严格落实，推进作风建设常态化长效化。

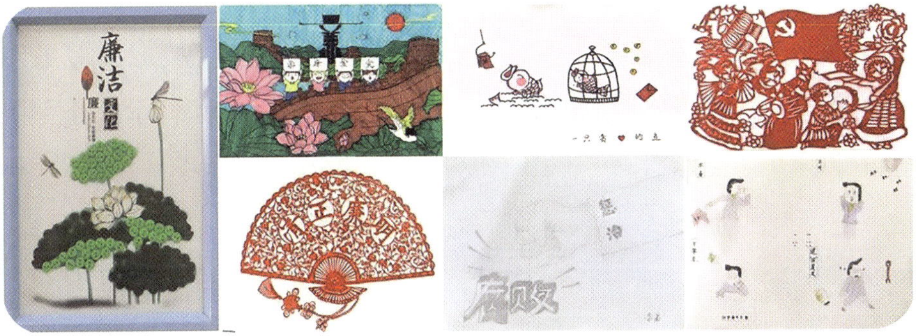

廉洁文化主题漫画

坚持服务中心，厚植廉洁文化，营造风清气正良好氛围。二院各单位坚持围绕中心任务，把促进企业改革发展和稳定作为廉洁文化建设的出发点和落脚点，形成具有航天特色的“五位一体”廉洁文化教育模块，引导党员干部职工培育文明人格、提高党性觉悟、激励勤廉敬业。

网络信息总体部将廉洁文化作为纪检工作的重点，将廉洁文化建设融入各项工作，始终坚持思想“育廉”，把党章党规党纪作为理论学习的必修课，夯实廉洁文化建设根基；坚持宣教“润廉”，切实发挥牵头抓总作用，推动廉洁文化建设与理论学习、党员教育、文化宣传等工作同频共振、一体推进；坚持创新“倡廉”，拍摄原创纪检教育短片，制作创意廉洁对联，组织家风家训家书活动征集廉洁书画，制作“甩海报为廉洁过节打 call”视频、原创“双十一”爆款廉洁海报等，着力在“广度、频度、深度、热度”上下功夫，不断丰富廉洁文化内容。中天鹏宇公司聚焦主责主业，开展各类专项监督，发布管理建议书及监督提醒函，督促主责部门做好问题整改，深挖细查违规违纪问题，督促堵塞管理漏洞、建立长效机制，促进制度流程优化；开展五类监督问题整改“回头看”，推动整改全闭环。智慧产业公司不断加强新时代廉洁文化建设，树立和践行正确的权力观、政绩观、事业观，坚持把好用权“方向盘”，系好廉洁“安全带”；强化日常教育，练好“紧箍咒”，坚持反面警示和正面引导并重，开展警示教育；深化作风建设，打好“组合拳”，开展“行政一把手谈党风廉政建设责任”为主题的征文活动，自制短视频，通过多种形式抓紧抓牢作风建设；加强党的“六大纪律”学习，开展纪委书记带头讲党课，编制“漫讲六项纪律”手册等。

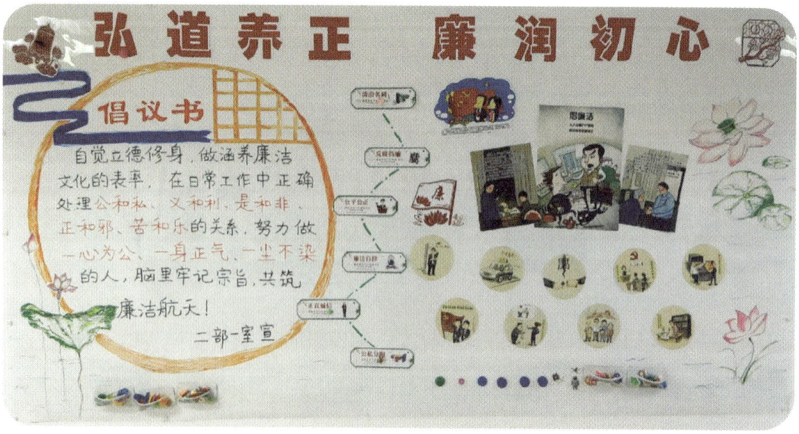

廉洁文化主题墙

坚持守正创新，拓展文化载体，打造航天特色廉洁文化。二院各单位结合科研生产经营管理实际及党员干部职工岗位需求，创新传播载体，深入挖掘体现二院特点的廉洁文化元素，进一步提高廉洁文化建设质效，积极传播廉洁理念，涵养清廉政治生态。

二部围绕廉洁从业理念，积极开展廉洁文化月实践活动，组织策划两级廉洁授课、党员领导干部亮廉洁承诺、廉洁故事大赛、纪检知识答题和红色教育活动等，积极践行新时代廉洁文化建设，拓展廉洁文化载体，营造风清气正的廉洁从业氛围，推进廉洁从业理念入脑入心。空间工程总体部高度重视年轻党员领导干部纪律教育，督促扣好廉洁从业“第一粒扣子”，以多种形式拓展廉洁文化宣传载体，在信息化系统、“清廉空间”公众号等平台定期宣传廉洁文化，组织廉洁书画、廉洁文创作品征集活动，营造浓厚廉洁氛围，结合重点节假日狠抓违反中央八项规定精神的行为，时刻警醒腐败可能发生的苗头。25所将廉洁文化建设融入日常，以课堂讲廉，将党的二十大精神和习近平总书记关于全面从严治党、党风廉政建设、廉洁文化建设的重要论述，纳入党委中心组学习计划和中层领导干部理论轮训，推动各支部“上讲台”，依托“航小遥纪法知识学堂”平台以案释纪；以文化创廉，举办廉洁文化宣传月、猜廉洁灯谜、征集廉创作品、制作微电影、组织线上答题，运用动画片、家书、快板等多种方式丰富教育形式，构建精导廉洁文化传播矩阵；以家风树廉，督促领导干部守德、守纪、守法，推动廉洁教育融入家庭日常生活。206所充分重视家教家风在廉洁文化建设中的重要作用，制作《读红色家书、悟百年初心》H5，引导党员领导干部和职工群众学习革命前辈的良好家风；给干部家属寄送廉洁家书、廉政书籍，引导党员干部家属成员共同培育和建设清廉家风；将廉洁文化进家庭作为着力点，制作家庭助廉“六必问”监督卡等发放给干部职工和家属，促使家属自觉当好“廉内助”“贤内助”，主动把好家风门风，筑牢家庭防线。699厂开展“学党史、强党性、守纪律”警示教育活动，组织领导人员参观警示教育基地，在微信公众号发布廉洁提醒海报、专题廉洁提醒等；组织两级领导人员观看警示教育宣传片，组织参观中国共产党纪律建设历史陈列数字展馆等；设计制作廉洁过节提醒原创动画视频，拍摄纪律教育微视频；组织开展党支部“送廉洁清风，做廉洁党员”党风廉政主题党日，党员们手绘“廉洁”扇，开展廉洁主题绘画评选等活动，营造浓厚的廉洁文化氛围。

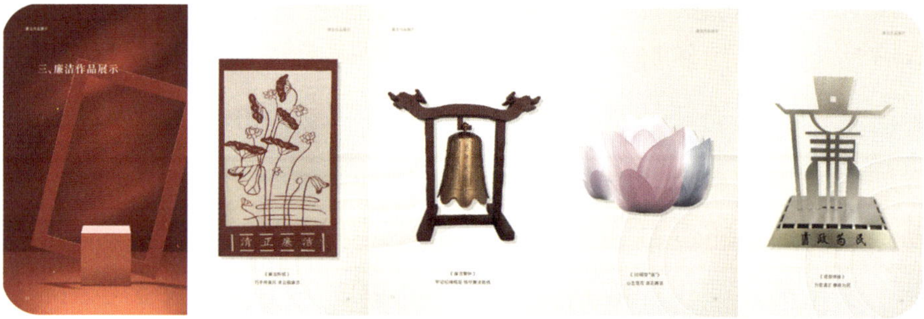

廉洁文化主题海报

三、廉洁文化的时代价值

1. 加强新时代廉洁文化建设，是深入推进全面从严治党向纵深发展的重要保障

作为推进全面从严治党的一项重大举措，反腐败斗争是最彻底的自我革命，是全面从严治党的重大政治任务。要实现不想腐，真正实现治本，必须立足解决大党独有难题、健全全面从严治党体系

这一重大时代命题，深化新时代廉洁文化建设，通过理想信念教育、廉洁文化教育，提高二院广大党员干部党性觉悟，夯实思想根基；通过弘扬社会主义核心价值观，让尚廉成为风尚，充分发挥文化润物细无声作用，确保二院全面从严治党向纵深发展。

2. 加强新时代廉洁文化建设，是培育风清气正良好政治生态的重要举措

面对建设"航天强国"的光荣使命，唯有增强党员干部队伍"内力"，才能提升攻坚克难的"战力"。政治生态是党风、政风、社会风气的综合反映，影响着党员干部的价值取向和从政行为。加强廉洁文化建设，有利于将廉洁价值观念、廉洁道德规范、廉洁行为方式渗透到社会成员的日常生活、学习和工作中，形成风清气正的良好政治生态和社会环境，使廉洁文化建设与中心工作发展、党员干部自身建设同频共振、良性互动，从而达到构建清廉政治生态，推动保障中心工作的良好效果。

3. 加强新时代廉洁文化建设，是推进文化自信自强的坚实支撑

廉洁文化作为中国特色社会主义文化的重要组成部分，是中国共产党人坚持以马克思主义为指导，植根于中国特色社会主义伟大事业实践进程中创造的，既体现了对中华传统廉洁文化思想的创造性转化和创新性发展，也体现了中国共产党高度重视廉洁文化建设的优良传统，更是新时代全面从严治党的生动实践。加强新时代廉洁文化建设，以先进文化启智润心，以高尚道德砥砺品格，夯实廉洁思想根基，推动社会主义价值观深入人心，为推进文化自信自强提供坚实支撑。

二院积极引导广大干部职工弘扬航天精神，加强廉洁文化建设，聚焦“科技强军、航天报国”的初心使命，从思想上预防腐败现象，从纪律上制止腐败现象。作为航天文化的重要组成部分，廉洁文化建设在助推航天事业健康快速发展中发挥了重要文化支撑和精神保障作用。

第六章

久久为功，推动航天精神与文化继承与创新

航天精神与文化随着企业的历史变革而不断发展变化，体现了企业文化久久为功的传承与创新。这一过程就体现了二院弘扬航天精神、加强航天文化建设的时间维度。

弘扬航天精神、加强文化建设是一项长期而系统的工程。二院历来高度重视航天精神与文化建设，系统筹划，扎实推进，搭建平台，强化传播，久久为功、坚持不懈推动文化落地见效。

第一节　高度重视，全面布局航天精神弘扬与航天文化建设

弘扬航天精神、加强航天文化建设，是一项持之以恒、久久为功的工作。二院领导始终高度重视航天精神弘扬与航天文化建设，通过压实责任、夯实基础、落实措施，全面布局接续书写二院弘扬航天精神、加强航天文化建设的美丽篇章。

一、强化领导，压实责任

建院初期，二分院各级党组织和政治机关根据分院党委提出的“加强党的领导，以科研工作为中心，贯彻群众路线，调动一切积极因素”的要求，除了进行形势任务教育和热爱国防尖端科研事业的教育等，不断提高全体人员的政治觉悟外，还根据研制工作的进程，大力加强科研生产活动中的思想政治工作。二分院充分发扬党重视思想政治工作的优良传统，通过思想政治教育等方式引导凝聚职工。

1958 年，二分院召开第一次党代表大会，进一步明确党委的中心任务之一是抓政治思想工作，加强共产主义和集体主义思想教育，对精神文化工作提出了明确要求：要利用工余时间开展多样的文化活动，发扬同志间团结友爱的精神，使每个同志在革命大家庭里心情舒畅，斗志奋发。

随着型号任务的不断增加，为了适应形势要求，在进行了组

20世纪80年代末，试验队员在大漠深处开展试验

织机构调整方案的酝酿准备后，二分院开始对全体人员进行迎接大发展、大建设和大变化的思想教育。二分院党委在全体人员中深入进行社会主义教育和形势任务教育。经过教育，全院上下出现了“以艰苦为荣，自觉听从组织安排”的文化氛围，奠定了良好的精神文化建设基础。

1978 年，二院广大干部、科技人员和工人参加“实践是检验真理的唯一标准”问题讨论，联系二院实际，明确二院的科研任务方向。二院党委召开了全院政治工作会议，研究加强思想政治工作和加强基层建设的问题，提出“政治上帮助基层，作风上面向基层，工作上扎根基层，生活上关心基层”。

1988 年，党的十三届三中全会通过《中共中央关于加强和改进企业思想政治工作的通知》，把大力培育企业精神作为企业经常性思想政治工作的主要内容。二院在年度思想政治工作计划中，部署要求各单位把建设企业精神列为一项重要工作来抓，建设企业文化和培育企业精神提到了工作日程。

1989 年，企业文化在我国尚处于理论宣传阶段，关于精神文化与思想政治工作孰轻孰重，产生了十分激烈的讨论。二院党委敏锐地意识到开展精神文化建设对改进经营管理的重要意义，举办了二院首届企业文化研讨会。通过研讨，二院上下对如何开展精神文化建设，提高了认识、统一了思想、明确了方向。

随后的几年，为适应市场经济条件下的发展要求，二院多次举行企业文化研讨活动，聘请专家讲授企业文化的基本知识、交流企业文化建设经验，使精神文化的概念在全院干部职工的心中初步建立，为二院企业文化的发展进行了思想准备。

2001 年，二院的文化建设进入快车道。为进一步加强对院企业文化建设工作的领导，组织推进企业文化建设各项工作，二院成立企业文化建设领导小组及办事机构。院企业文化建设领导小组是二院企业文化建设的领导和决策机构，企业文化建设办公室是企业文化建设领导小组常设的办事机构，负责企业文化建设日常工作。企业文化组织机构的健全，有力推动了二院企业文化建设。

二、统筹部署，全局推进

二院党委始终将弘扬航天精神、加强航天文化建设作为重要工作抓实抓好。随着事业的不断发展，不管是建院初期的思想政治工作，还是后来的精神文明建设，以及不断兴起的企业文化建设工作，二院坚持系统的观念，统筹部署，全局推进，久久为功，务求实效。

1986 年，党中央作出《关于社会主义精神文明建设指导方针的决议》，进一步指明了社会主义精神文明建设的方向。二院党委立即部署学习贯彻落实，并组织全院职工特别是领导干部和政工干部认真进行学习研究。在学好文件、领会精神的基础上，二院结合实际研究制定了精神文明建设的规划和措施，着力推动精神文明建设。

1995年，二院制定《1995—2000年文化建设规划》，并以党委一号文下发实施，提出经过6年左右的努力，初步形成独具特色的文化格局，为二院“九五”期间的企业文化建设工作明确了方向。通过设立企业文化基金，奖励在二院组建和发展过程中做出优异成绩的集体和个人，每年对上一年度的好人好事进行群众性的评比，评出最有影响的若干好人好事，并从企业文化基金中给予适当奖励。在当时，有组织地推进企业文化建设，二院当属先行者。

自“十五”起，二院持续制定发布五年企业文化发展规划（后来调整为党的建设和企业文化建设专项规划），成为推动企业文化建设的重要指导性文件。

进入21世纪，在2002年政工会后，二院认真贯彻落实《关于进一步加强航天科工企业文化建设的若干意见》和《企业文化推进工作计划》要求，制定系统全面的落实措施，结合二院当时文化建设基础，逐项加以推进。二院从新员工入院教育抓起，依托企业文化培训教程《塑造航天科工之魂》和二院相关课程，大力宣讲航天科工企业文化理念、二院发展历史和成就、二院文化理念及二院人奋斗故事等，上好入院第一课，播下二院企业文化的种子。

2010年，试验成功后，队员们喜悦欢呼

2012年，二院运用系

统工程的方法，构建形成二院特有的四维文化体系。在推进文化建设中，二院逐步形成“围绕一条主线、发挥两个作用、建立三个机制、抓好四个着力、搭建五大平台、推进六项落地”的企业文化建设之路。

2013 年，印发《二院企业文化建设考核评价实施细则》，建立和完善科学有效的企业文化建设考评机制，按“五级成熟度”，即“初始级”“可重复级”“已定义级”“管理级”和“优化级”，对各单位企业文化建设状况进行全面评价。

2016 年，印发《二院企业文化建设管理办法》，明确了二院企业文化建设的指导思想和建设目标，企业文化建设的组织机构和职责，制定二院企业文化建设考核评价指标，对院属单位企业文化建设工作进行全面评价。当年制定的《二院“十三五”党的建设和企业文化建设专项规划》，明确提出二院要创新开展企业文化建设，推进企业文化融入中心、服务中心，创新开展航天精神文化活动，增强职工对航天文化的认同，促进知行合一等工作目标。

2021 年，二院再次修订企业文化建设管理办法，32 项企业文化建设考核评价指标全方位、立体式地对院属单位企业文化建设进行客观考核评价。制定《二院“十四五”党的建设和企业文化建设专项规划》，明确未来五年要始终坚持和弘扬社会主义核心价值观，大力传承航天精神，持续推进企业文化落地；深化企业文化建设，培育时代典型，推进社会主义核心价值观入脑入心入行。

第二节　系统谋划，大力推进航天精神弘扬与航天文化实施

二院的文化建设，经历了从自发到自觉的过程，从建院初期对文化建设开展一系列有益的探索，到近年来运用系统工程的方法开展企业文化建设，通过确立精神理念系统、明确视觉识别系统、建设行为识别系统，全方位、立体式系统推进文化建设，促进了企业文化进一步落地。

一、确立精神理念系统

建院初期，二院党委组织开展了热爱事业、热爱岗位的教育活动。通过国际形势的教育，不断提高全体人员为增强我国国防力量、保卫和平而奋斗的责任感；通过科研任务重要性的教育，不断提高全体人员为攀登科学技术高峰而献身的光荣感。在教育中，二分院提出了一个生动形象的口号："生在永定路，死在八宝山"，以表示立志献身国防尖端科研事业的坚定志向。这一口号广为传播，深入人心。热爱国防尖端事业的教育大大振奋了人们的革命精神，增强了广大科技工作人员献身国防尖端事业的决心。

1979 年，二院把"巨浪一号"列为全院确保的重点任务，黄纬禄作为总设计师，在总体协调工作中提出了"有问题共同商量，有困难共同克服，有余量共同掌握，有风险共同承担"的"四共同"原则，有力地保证了"巨浪一号"研制工作的顺利进行。短短的 28

个字，此后一直被航天科研单位所推崇，成为航天型号系统协调工作中的“金科玉律”。

1979年以来，二院党委坚决贯彻执行党的十一届三中全会精神，逐步把全院工作的重点转移到科研生产上来，保证了重点任务的顺利完成。为保障科研生产和型号研制工作的顺利进行，二院倡导自主、自立、自强的“三自”精神，深入开展“五讲四美三热爱”、培养“四有”职工等活动，为中心工作的完成统一思想，凝聚力量。

1986年，二院召开第三次党代表大会，号召全体共产党员、共青团员以及全院职工团结一致，树立“自主、自立、自强”的精神，大胆改革，开拓前进，为建设一个军民结合的科研生产经营型的文明研究院而努力奋斗。

1988—1999年，是我国从计划经济向市场经济过渡的重要历史时期，面对计划与市场的双重调节与压力，二院从自身生存与发展的实际出发，充分发扬“自力更生、艰苦奋斗、大力协同、无私奉献、严谨务实、勇于攀登”的航天传统精神，解放思想，转变观念，努力适应改革开放和发展社会主义市场经济的新形势，增强自我生存、自我发展的能力，成功研制一大批武器型号。二院的整体实力和核心竞争力有了明显提高。

20世纪90年代，技术专家在试验现场坐镇指挥

2008年，二院明确提出“文化兴企”战略，坚持以提升企

业核心竞争力为宗旨，以构建积极进取、奋发有为、和谐向上的二院文化为核心，以创新为统领，不断丰富二院企业文化内涵，推进企业文化建设。

2009 年，二院重新梳理企业文化核心理念体系，确立“国家利益高于一切”的核心理念体系。

2013 年以来，围绕航天科工提出的转型升级、二次创业的战略目标，二院成立航天科工首家二级单位企业文化处，提出“铸就空天神盾，佑我中华圆梦”的理想追求，总结提炼“有矛必有盾”的发展哲学，明确提出未来发展目标。加大对型号文化和团队文化的总结，先后提炼出重点型号精神、高原试验队精神、安保团队精神、张奕群研究室文化、马景来班组文化、张佩珊护理组文化等团队精神；质量文化、安全文化、保密文化、廉洁文化等专项文化理念被职工广泛认同。积极推进文化建设，院属各单位、一线研究室、车间 100% 提炼文化理念。

二、明确视觉识别系统

20世纪90年代，二院图书馆

在 20 世纪 80 年代企业文化建设兴起时，二院结合 30 周年院庆，征集发布了院徽、院歌等，是视觉识别系统建设的有益探索。

1995—2000 年，在企业形象设计等方面，二院对相关载体进行了初步的规范。二院开展了文明单位的创建活动。改善了工作生活环境，工作场所达到了四季常青的花园式单位标准，部分生活区达到了区、市级文明小区的标准。

2003 年，航天科工印发《2003 年企业文化推进工作计划》，随后，发布航天科工视觉识别系统，包括航天科工标识、中英文名称、标准字体、标准色、核心组合规范、应用规范等。印发《形象识别执行手册》，要求二院自觉执行手册中的各项要求，统一树立中国航天科工对外整体视觉形象。重要建筑的外观和内部装饰、产品及形象广告、展览、产品包装与办公用品设计等都要征求本单位企业文化主管部门意见。重大企业形象展示、建设工作要将展示设计方案报党委工作部门审核，根据工作需要由党委工作部报集团公司主管部门审核，通过审核备案后方可实施。

自此，二院严格秉承航天科工对形象识别的统一要求，开展文化建设，二院形象更加美观、规范。

三、建设行为识别系统

建院初期，在贯彻《科研十四条》时，在全分院进行了“三敢”即敢想、敢说、敢干，“三严”即严肃的态度、严格的要求、严密的方法的作风教育。这些教育对科技人员形成良好精神风貌、养成科学的工作作风起到了较好的作用。

1979—1986 年，经过全体职工的共同努力奋斗，全院各项工作蓬勃发展，蒸蒸日上，二院大力加强职工队伍的思想建设，在全体职工中广泛开展了群众性精神文明创建活动，在企事业单位的全面整顿中普遍进行了理想教育、道德教育、纪律教育，制定了干部守则、职工守则、文明公约和职业道德规范等。这些工作对实现社会风气和院风的好转，保证出成果、出人才起到了积极的作用。

20世纪80年代，二院社区内为民服务站

1982年，中央规定每年3月份为“全民文明礼貌活动月”。二院组织全体职工走上街头、深入院落，积极参加北京市统一安排的百万人卫生大会战。在这次活动中，二院以治理脏、乱、差为重点，经过一个月的整治，院风院貌出现了可喜的变化，不断涌现的学雷锋小组和青年服务队，站在“五讲四美三热爱”活动的前列，受到广大群众赞誉。

二院“道德讲堂”

1984年，二院党委向全院各单位发出学习航天部文明单位经验的通知，提出“做文明职工，办文明事情，创文明单位，建文明大院”的口号。经过一年努力，二院多个单位成为北京市文明单位，一批单位、科室车间和个人被评为航天部文明集体和社会主义精神文明建设积极分子。

1995—2000 年，二院启动了行为规范体系工程建设工作，制定了二院行为规范体系工程建设总体方案；制定了智能模块分解图和岗位设置图；制定了技术标准项目明细表；制定了部门规范和个人岗位规范，修订、制定了部分规章制度。同时，二院在全院范围内开展热爱二院的活动，进行社会主义劳动态度和主人翁的思想教育，正确处理国家、院、厂所、个人的四者关系，激发起全院干部职工对二院的高度责任心，时时处处关心二院的每一项工作，认真自觉地去完成自己所承担的每一项任务，并且敢于同各种不负责任的现象作斗争。开展为二院做好事、为二院献计献策合理化建议、爱护公共设施、树立二院形象、维护二院声誉等各类活动，激发全院干部职工的责任感与使命感。

2008 年，二院组织开展职工职业道德教育活动，在全院干部职工中广泛开展以遵守职业道德、法律法规等为内容的教育活动。二院坚持以提升企业核心竞争力为宗旨，以构建积极进取、奋发有为、和谐向上的二院文化为核心，以创新为统领，不断丰富二院企业文化内涵，推进企业文化建设。

2013 年，二院建立行为识别系统，在国有企业领导人员行为标准和航天科工党组对各级领导行为要求的基础之上，明确了二院作风建设要求，以及二院职工职业道德规范等。

第三节　多措并举，积极促进航天精神弘扬与航天文化落地

弘扬航天精神、推动航天文化落地有赖于多措并举，大力发挥各类载体平台作用。二院紧跟社会发展形势，结合中心工作需要，着力创新活动载体，搭建宣讲展示平台，推进航天精神弘扬与航天文化建设取得实效。

一、搭建航天精神与文化活动平台，丰富建设形式

20 世纪 60 年代，创业初期的二院人全身心投入到仿制任务中，院党委落实知识分子政策，保证科技人员的工作时间，星期六为政治学习和党团活动日，营造“安安静静”“干干净净”的科研环境。

这一时期，分院紧密结合党的中心工作，结合科研单位的特点，广泛深入地开展了热爱国防尖端事业教育、保卫国家机密的教育活动。这两项教育活动逐渐形成制度，成为传统，是新调入人员后的第一课，振奋了职工的革命精神。

三年困难时期，分院把自力更生、发愤图强的教育纳入当时的各项学习教育活动中，开展了“两忆”（忆民族苦、忆阶级苦）活动，掀起了“树雄心、立壮志、攀登科学技术高峰”的热潮，增强了战胜困难的信心和勇气，为保证分院各项任务的胜利完成奠定了良好的思想基础。

1985—1986 年，二院组织了多种形式的有益身心健康的各种文

化娱乐和体育活动，如篮球、排球、桥牌、棋类比赛，举办“消夏晚会”和神剑学会歌咏比赛等。这些活动对陶冶职工情操，丰富职工的精神文化生活，产生了积极的效果。

20 世纪 80 年代末，为适应市场经济条件下的发展要求，二院认识到要实现振兴与腾飞，必须引进现代化经营管理模式，大力加强文化建设。二院多次举行企业文化研讨活动，聘请专家及企业文化建设搞得好的企业领导讲授企业文化的基本知识，交流企业文化建设经验，使企业文化的概念和观念在全院干部职工的心中初步建立，起到了培训人员的作用，为二院企业文化的发展做好了思想准备。

2013 年至今，二院利用七一、国庆、建院纪念日等重要时机，组织升旗仪式，对干部职工进行爱国、爱航天、爱院教育。加强对外文化交流学习，先后组织院属有关单位党委书记、党办主任到国内有关企业交流学习企业文化建设经验。结合每年庆祝“中国航天日”，组织了“航天梦·航天颂”“筑梦空天”“初心·使命”“传承·梦想”“传承航天精神·点亮航天梦想”等主题文化活动，结合伟大建党精神、社会主义核心价值观，深入开展短片宣传、事迹展览、文艺汇演、主题征文等多种活动，激励二院人传承精神、接续奋斗，职工广泛参与，社会影响深远，树立了二院良好的企业形象。

二、搭建航天精神与文化宣讲平台，树立航天英模

建院初期，在“生在永定路，死在八宝山”精神的感召下，涌现出一大批英雄模范人物。二院召开了首届群英大会，大力宣传和表彰了一批先进模范人物。1961 年，二分院党委及时总结了第二

设计部三室主任张履谦同志在解决红与专、政治与技术、理论与实践、领导与群众等关系方面的典型经验做法，为技术人员和技术骨干树立了榜样。二分院号召分院全体人员特别是科技干部向张履谦同志学习。1963年，毛泽东主席等中央领导同志为雷锋同志题词——向雷锋同志学习。二分院把学雷锋与学张履谦的活动结合起来，开展了“学雷锋、学张履谦、抓典型、树标兵”的比学赶帮超活动。学习张履谦的活动激发了二分院同志，特别是科技干部发愤图强、刻苦攀登科学技术高峰的雄心壮志，对促进分院红专队伍的成长和科研事业的发展，产生了积极的影响和有力的推动作用。学习活动一直延续到1964年。在1964年，聂荣臻副总理写信给国防科委张爱萍等领导同志，高度评价了张履谦的典型经验做法，信中指出，张履谦是“国防科学技术单位中青年一代向又红又专迈进的优秀代表人物”，值得提倡学习。

1986年，二院组织政工干部学习典型经验交流活动，激励他们树立自信、自强、自尊的精神，在改革中开创思想政治工作的新局面。组织广大职工听曲啸同志的报告、观看航天部录制的《理想之歌》和反映“两山”英雄事迹的《理解万岁》等影片，组织了反映职工在完成“巨浪一号”研制任务中可歌可泣事迹的“理想、拼搏、奉献”的报告会，使广大职工受到了生动实际的理想、纪律、道德教育。

2013年至今，二院组织开展“道德讲堂”“院士讲堂”活动，讲好航天文化故事，“敬业与尽孝”“爱岗敬业、无私奉献”“劳模·工匠·感动”等道德讲堂在职工中引起广泛反响，每年全院各级各类讲堂达万余次，职工的参与度明显提升。通过讲堂活动，二院在集团、行业乃至国家层面成功推树了多名先进典型，积极推树

“北京榜样”“央企楷模”，张奕群研究室等先进事迹引起社会广泛关注，成为航天系统的学习楷模，先进典型不断涌现，充分发挥示范引领作用，培育了良好的文明风尚。

三、搭建航天精神与文化展示平台，树立企业形象

一个企业的精神文化可以引领企业的成长，也可以塑造企业的形象，为企业赢得更多的机会与尊重。二院历来高度重视航天精神文化展示工作，紧紧围绕中心工作，创新制作宣传专题片、建设历史文化馆、出版系列文化书籍等，搭建丰富多彩的精神文化展示平台，让更多的人了解和认识二院，树立良好的企业形象，增强企业的影响力和竞争力。

随着社会的发展进步，特别是进入21世纪以来，文化建设工作进入快速发展时期。在2002年建院45周年、2007年建院50周年之际，二院先后摄制专题片《刺破青天锷未残》《风展红旗如画》，以视频纪录片的形式，系统展示了二院发展历史和航天精神的传承弘扬历程，引发广泛关注。后来，为系统总结重点型号任务研制和型号精神故事，二院摄制《今日长缨在手》《鲲鹏展翅》等专题片，充分展现了型号研制团队的高昂斗志和良好精神风貌。

2017年，二院参与建成的军事博物馆导弹馆向公众展示我国国防科技工业实力，集中体现民族自信心和自豪感，为弘扬民族精神和航天精神，实现强军梦、航天梦作出贡献。该馆成为中国首个以导弹装备为主的爱国主义教育基地和国防装备知识科普园地。

2018年，二院院史馆建成，在中国科协、教育部、科技部等国家机关联合开展的“科学家精神教育基地”评选中，二院院史馆成

功入选，成为全国首批 140 家“科学家精神教育基地”之一。自开馆以来，二院院史馆共接待各类参观活动 2000 余场近 10 万人次，获得了政府部门、科研教育系统等各类合作客户和社会各界来宾的高度评价，在传承航天文化、弘扬航天精神、展示二院形象和实力等方面发挥着重要作用。

2019 年，二院落成了国内首座、也是目前我国唯一的钱学森和“航天四老”在一起的“航天梦”青铜雕塑，2021 年落成二院第一任院长王诤雕塑，成为二院弘扬航天文化、展示企业形象的热门打卡地。

2021年，“航天梦”雕塑建成

2020 年，出版发行《筑梦空天——航天精神在二院》，创新提出“航天精神谱系”，系统总结提炼航天精神特质，讲述二院人在弘扬和传承航天精神中的感人故事，向全社会展示航天人高尚精神品格，具有突出的实践价值。

2021年，完成二院成都分院“航天二院文化展厅”建设工作，成为西南地区弘扬二院历史文化、感悟航天精神的教育阵地。目前，二院西安分院文化展厅已在规划建设中，将进一步拓展成为西北地区传播航天精神与文化的新阵地。

2022年，出版发行《导弹人生》，首次对外公开12位型号两总的人生故事，充分展现了二院人“干惊天动地事、做隐姓埋名人”的胸襟和情怀，成为讲述航天故事的生动教材。50余家媒体第一时间转载发布，宣传热度持续提升，人民日报客户端发布仅十分钟阅读量突破十万，连续两天登上热搜榜，掀起广泛宣传高潮。

2022年，由二院党委主导，二院党校组织编写的《建设航天强国》出版。该书是中国青年出版社“问道·强国之路”系列丛书的航天分册，从理论维度、历史维度、实践维度科学阐述了航天强国的内涵，展现我国航天事业取得的成就，描绘未来发展的宏伟蓝图。

2023年，公开出版发行《追梦空天》，创新采用绘本的形式，将二院66年来的发展历程娓娓道来，是一部“看得见的中国空天防御事业发展史”，该书还将航天知识以通俗易懂的语言进行了科学普及，为广大读者特别是青少年，打开了一扇了解航天、学习航天知识的大门。出版《砺剑空天》，记录了工匠精神在二院的实践落地，通过一个个感人至深的典型人物、团队成长故事，诠释了二院人心怀“国之大者”，精益求精，匠心逐梦，矢志不渝为国铸剑的责任与担当。

第四节　创新融合，全面深化航天精神弘扬与航天文化传播

传承弘扬航天精神，推动航天文化建设，传播是保证文化落地见效的重要一环，既要加大面向干部职工的宣传，内聚人心，让航天精神与文化成为二院人的行为自觉，也要做好面向外部社会的精神文化传播，外树形象，提升二院品牌影响力、文化传播力。

一、内聚人心，大力开展精神文化宣传

二院十分注重做好精神文化的宣传，建院初期主要是通过各类会议、活动等，进行广泛宣讲。后来，随着事业的不断发展壮大，二院充分发挥两级党组织的作用，调动政工人员的积极性，有效利用黑板报、文化墙、手抄报（后来是油印小报），以及有关工作手册、成果集等，进行深入宣传。

1984 年，二院第一份报纸《新宇报》创刊，二院有了自己的宣传刊物，也成为展现二院职工精神文化生活的重要阵地。

1995—2000 年，二院大力开展对内宣传，充分利用当时的宣传阵地和宣传设施，通过文字、照片、图表、美术作品等形式广泛宣传二院的优势、进展和前景。在充分利用的基础上，对全院的宣传阵地和宣传设施进行统一规划，增设必要的大、中型的有影响的宣传阵地。发挥《新宇报》的优势，安排一定版面，对二院的大好形势进行宣传。发挥二院闭路电视的优势，通过《二院新闻》进行

宣传。发挥二院礼堂的优势，通过宣传橱窗及幻灯片进行宣传。在有影响的地段，增设醒目的、较长时间能保留的标语、口号、宣传栏，增设反映二院好人好事、新闻事件的照片宣传栏。

2012年，职工在精心操作设备

2003 年 8 月 12 日，二院空天防御文化网正式开通上线，逐步成为二院广大干部职工全面了解二院科研生产、经营管理各项工作的窗口，同时也成为展示宣传二院弘扬航天精神、推动文化建设的重要阵地。空天防御文化网坚持“四个围绕”，即围绕二院科研生产中心工作、围绕二院精神文明建设和企业文化建设、围绕职工文化娱乐生活、围绕职工思想实际，做到“三个贴近”，即贴近中心工作、贴近职工生活、贴近思想实际，不断提高网站的思想性、知识性、可读性、权威性，凸显网站的新颖性、实用性、广泛性和时效性，不断增强网站的吸引力，扩大网站受众的覆盖面和教育面，使广大职工想看、爱看。尤其是作为政工网站，空天防御文化网主要信息板块均以党建和思想政治工作内容为重点，运用网络这一当时新的现代化信息载体，大容量的思想政治工作内容能迅速传播到网络连通的各个角落，二院思想政治工作的针对性、及时性、有效性大大增强，思想教育真正做到了润物细无声。

2010年，空天防御文化网进行了改版，页面设计更加与时俱进，板块栏目更加合理完善。为进一步加强文化传播，网站加强专题专栏设置，集中、持续展示宣传二院企业文化建设成果，促进航天精神与文化建设落地有形。

2013年以来，提倡“镜头对准一线，笔锋转向身边”，在空天防御网设置“人才经纬”“奋斗的人生最美丽”等专栏，为普通职工点赞；开展首届“二院年度感动人物”评选，通过宣传团队和人物的感人故事，激发战斗力，凝聚全院职工干事创业的力量。在二院每年的第四季度，科研生产任务异常繁忙，二院结合“大干百天”“冲刺四季度”等科研生产任务形势，通过成立突击队、授旗授徽等特色活动，在院级报、刊、台、网等媒体采取专题约稿和集中宣传等方式，营造氛围，鼓舞士气，积蓄职工劳动热情。

党的十八大以来，习近平总书记和党中央洞察大势、放眼全局，坚定不移推进媒体融合发展。从提出“打造一批具有强大影响力、竞争力的新型主流媒体”，到提出“加快构建融为一体、合而为一的全媒体传播格局”；从制定实施《关于推动传统媒体和新兴媒体融合发展的指导意见》，到中央政治局以“全媒体时代和媒体融合发展”为内容进行集体学习，以及印发《关于加快推进媒体深度融合发展的意见》，这一系列重要论述、重大部署，指方向、定目标、明路径、提要求，为媒体融合发展提供了根本遵循。

二院党委高度重视媒体融合发展，多措并举贯彻落实习近平总书记关于媒体融合的重要讲话精神和党中央各项部署要求。为此，党工部通过整合调整院内媒体管理、创新各媒体运维等，初步形成了院内各媒体统筹策划、一次采集、多种生成、多元传播的业务模式，构建了涵盖网站、微信、抖音、院报、电子屏、广告机等的内部媒体阵地。

2021年，二院“空天融媒”融媒体管理平台建成

2017 年，二院持续推进媒体融合发展，紧紧围绕全院改革发展稳定大局，落实党管意识形态责任，不断创新宣传思路，统筹拓展建设各类媒体平台，初步形成了覆盖全院、优势互补的全媒体宣传格局，为二院以科研生产为中心的各项任务的完成提供了坚强的思想保障和舆论支持。

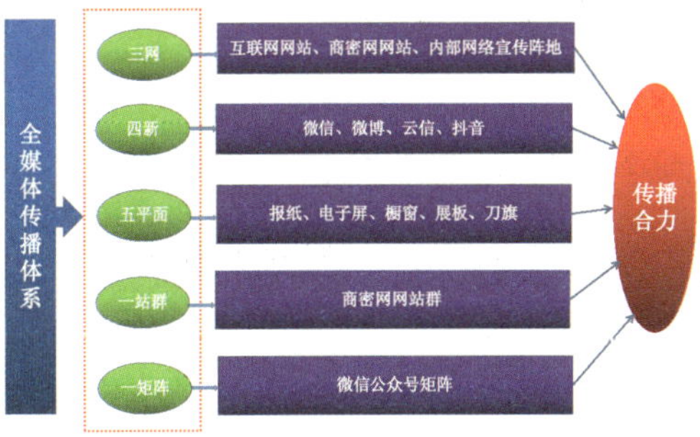

二院构建全媒体传播体系

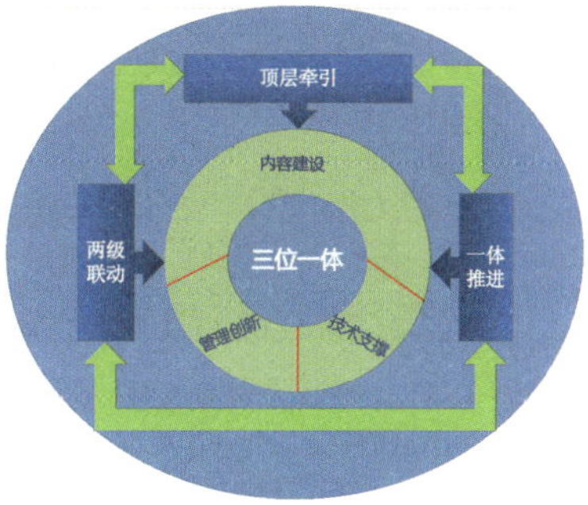

二院构建媒体融合发展模型

2021年，二院提出了“以‘三位一体’为中心，顶层牵引、一体推进、两级联动”的媒体融合发展模式。从内容建设、技术支撑、创新管理等方面深入推进媒体融合，探索建设了融媒体管理平台，构建全媒体传播体系，形成了传播合力，提升了传播效能，为二院精神文化的传播插上了有力的翅膀。

二、外树形象，加强精神文化品牌传播

1995—2000年，二院大力开展企业形象宣传，增强二院的知名度，扩大社会影响力。组建以美术、摄影、文学创作等专业干部为骨干的专兼职宣传队伍，创作一批好作品，有针对性地向包括《中国航天报》在内的中央、北京市的报刊和广播电台投稿，加强对外宣传力度。同时创造条件，适当组织对院外的文艺演出、体育比赛等活动，扩大并提升二院的社会影响力和美誉度。

2018年，国家交响乐团到二院慰问演出

2013年以来，二院的社会形象日益良好，航天精神、二院文化在社会上的影响力也日益提升。在全媒体融合、创新和发挥作用的

过程中，二院一系列代表性产品也更加为大众所熟知与认可，树立了良好的形象与可靠的航天品牌。

多年来，二院在企业方面着力打造“红旗”品牌，在产业市场着力打造“航天安保”和“智慧城市”品牌，一批产业项目在各大主流媒体集中亮相，品牌传播成果显著。

第七章

弘扬航天精神、推动文化建设的方法路径

回顾航天事业60余年的发展历程，航天精神与文化作为社会主义先进文化的重要组成部分，蕴含着丰富的思想内涵、精神财富、宝贵经验、实践智慧。新时代，航天精神与文化，必将感召着一代又一代航天人不忘初心、牢记使命，勠力同心、接续奋斗，也必将在新时代不断丰富其内涵、绽放出更加耀眼的光芒，为建设航天强国提供更加丰厚的精神文化滋养。

在传承弘扬航天精神、推动航天文化建设的过程中，二院探索形成了丰富的方式方法，积累了宝贵的经验，对于今后进一步弘扬航天精神、推动文化建设具有重要的实践意义。

第一节　党的全面领导是弘扬航天精神、加强航天文化建设的根本保证

习近平总书记强调:“加强党对一切工作的领导，这一要求不是空洞的、抽象的，要在各方面各环节落实和体现。”宣传思想文化工作是党的事业的重要组成部分，回顾党的发展历史，自建党之初，我们党便高度重视对宣传思想文化工作的领导。宣传思想文化工作在我国革命、建设、改革各个历史时期取得长足发展、发挥重要作用的根本，也在于党的领导。党的全面领导是宣传思想文化工作的方向所在、力量所在、优势所在。

一、党的领导为弘扬航天精神、加强航天文化建设提供坚强政治保证

党创建和发展了我国航天事业。航天事业作为党的事业、人民的事业，必须坚持党的绝对领导，确保航天事业始终沿着正确方向大步前行。航天精神产生于航天事业的生动实践，是一代代航天人在党中央坚强领导下，听党指挥、跟党奋斗，创造中国航天史上一个又一个辉煌业绩和事业丰碑过程中积淀铸就而成的，而每一项成绩的取得，无不体现出党中央的英明决策。

党和国家历来高度重视弘扬航天精神、加强航天文化建设。在新中国成立初期，毛泽东同志便毅然作出发展“两弹一星”的重大决策，并勉励钱学森等专家要独立自主、自力更生，敢于走

前人没走过的道路。党的十一届三中全会后，邓小平同志坚持一切从国情出发，强调科学技术是第一生产力。20世纪90年代，江泽民同志大力支持载人航天工程，多次接见并赞扬航天一线同志的优良作风，并在1999年高度凝练了“两弹一星”精神。在庆祝神舟六号载人航天飞行圆满成功的大会上，胡锦涛同志充分肯定航天事业发展，总结提炼出载人航天精神，并要求全社会大力传承弘扬，增强全民族自豪感。

党的十八大以来，习近平总书记高度重视文化强国建设，全国各族人民文化自信明显增强、精神面貌更加奋发昂扬。习近平总书记提出了一系列关于航天强国、航天精神的新思想、新论断、新观点，设立“中国航天日”，提出“航天梦”“航天强国”，定义“探月精神”“新时代北斗精神”，并于2021年中国共产党成立100周年之际将航天精神纳入中国共产党人精神谱系，航天精神与文化得到了极大弘扬与发展。

二院空天防御事业在党的领导下创立成长、发展壮大，经过几代航天人接续奋斗，我们实现了从无到有、从仿制到自主研发、从单一装备到体系逐渐完备的伟大跨越，成就举世瞩目。二院能够在较短时间内取得历史性突破和成就，源于党中央的高度重视和坚强领导，源于党的理论和路线方针政策在二院得到坚决贯彻落实，源于一代代二院人始终听党话、跟党走，不惜一切去完成党和人民赋予的光荣使命。实践证明，党的坚强领导是发展航天事业、打造一流装备的制胜法宝，也是实现航天梦、强军梦、中国梦的根本保证。二院履行强军首责，就要永远以党的旗帜为旗帜、以党的方向为方向、以党的意志为意志，自觉肩负起时代重任，发挥好空天防御事业主力军的作用。二院必须坚持和加强党的领导，持续将党的领导落实到航天事业各领域各方面各环节，确保党的领导“如身使臂，如臂使指”，为弘扬航天精神、加强航天文化建设提供坚强政治保证。

二、党的领导为弘扬航天精神、加强航天文化建设提供坚强思想保证

党的领导为航天事业发展提供科学指引。马克思主义奠定了航天精神与文化的科学基因。马克思主义是中国共产党立党立国的指导思想，中国航天人在党的领导下，运用马克思主义立场、观点和方法，在推动解决航天事业发展实际问题的过程中，积淀了深厚博大的航天精神与航天文化。2021 年，中国共产党人精神谱系第一批伟大精神正式发布，“两弹一星”精神等位列其中，可以说伟大建党精神是航天精神的“红色血脉”和“灵魂”，深厚博大的航天精神是伟大建党精神的“活水”涌流。

新时代以来，以习近平同志为主要代表的中国共产党人，坚持把马克思主义基本原理同中国具体实际相结合、同中华优秀传统文化相结合，创立了习近平新时代中国特色社会主义思想，实现了马克思主义中国化时代化新的飞跃。党的十九大把习近平新时代中国特色社会主义思想确立为党必须长期坚持的指导思想并庄严写入党章。习近平新时代中国特色社会主义思想是一个系统完备、博大精深的科学体系，蕴含着丰富的马克思主义思想方法和工作方法，既是世界观、历史观，也是认识论、方法论，是党领导新时代文化建设的根本指针，是新时代文化建设的根本统领。

坚持党的文化领导权是事关党和国家前途命运的大事。坚持党的文化领导权，是习近平总书记深刻总结党的历史经验、洞察时代发展大势提出来的，充分体现了对新时代文化地位作用的深刻认识，体现了对党的意识形态工作的科学把握。面对新形势新要

求，习近平文化思想以强烈的问题意识为导向，明确提出“七个着力”①，将宏观层面的整体指导和具体层面的实践落实有机结合起来，自上而下地体现出“明体达用、体用贯通”的鲜明特点，为以习近平新时代中国特色社会主义思想为统领加强党对航天精神与文化建设的领导，指明了具体方向，也为推动航天精神与文化建设提供了坚强思想保证。

三、党的领导为弘扬航天精神、加强航天文化建设提供坚强组织保证

严密的组织体系，是我们党作为马克思主义政党的优势所在、力量所在，党的全面领导、党的全部工作都要靠党的坚强组织体系去实现。严密的组织体系是一个形神兼备、气血贯通、体魄强健的“生命体”，是不断增强政治领导力、思想引领力、群众组织力、社会号召力的不竭源泉，推动组织势能转化为强大动能。自航天事业创建以来，党的组织体系便始终与航天事业建设深度融合，面对科研生产中的急难险重任务，有党员职工当先锋做表率，面对职工生活中的急难愁盼，有党组织办实事解民忧，航天事业始终保持同人民群众的血肉联系，在深入贯彻党的群众路线、充分调动各方面积极性的基础上，形成同心共圆航天梦的强大合力。正是因为有了坚强有力的组织体系，广大航天工作者才能积蓄在艰难挑战面前不讲条件、不辞辛劳、无所畏惧、勇往直前的精神力量，推动航天事业不断前进发展。

① 着力加强党对宣传思想文化工作的领导，着力建设具有强大凝聚力和引领力的社会主义意识形态，着力培育和践行社会主义核心价值观，着力提升新闻舆论传播力引导力影响力公信力，着力赓续中华文脉、推动中华优秀传统文化创造性转化和创新性发展，着力推动文化事业和文化产业繁荣发展，着力加强国际传播能力建设、促进文明交流互鉴。

2018年，交会对接成功后参试人员无比激动

组织和精神文化都是凝聚力量的重要载体。正是在航天事业强大的组织体系下，逐渐形成了航天精神和航天文化的共识；也正是在航天精神和航天文化的作用下，航天领域基层党组织统一了思想、构建了信仰、形成了航天人的共同语言。新时代航天事业的发展要求航天精神与文化进一步发展和注入新的时代内涵、呈现新的实践形态。同样，航天精神与文化作为航天人接续奋斗和航天事业发展的内在动力，不断激励着航天人坚决贯彻落实习近平总书记重要指示批示和党中央决策部署，不断凝聚起履行“科技强军、航天报国”神圣使命的磅礴力量。党的十八大以来，航天领域基层党组织坚持系统观念，着力健全党的组织体系、干部人才体系、组织工作制度规范体系、全面从严治党责任体系，构筑起坚如磐石的战斗堡垒。广大航天共产党员正成为干事创业的先锋模范，不断培养着航天精神和航天文化萌发成长的沃土，滋养着航天精神内涵更加丰富，拓展着航天文化更具先进性，不断为新时代弘扬航天精神、加强航天文化建设提供坚强组织保证。

第二节　不断创新是弘扬航天精神、加强航天文化建设的基因密码

一、推动理论创新，提升航天精神弘扬与航天文化建设水平

每个时代都有每个时代的精神，每个时代都有每个时代的价值观念，新时代的“赶考路”需要有新时代的伟大精神和文化。伴随着航天事业的发展历程，航天精神与文化不断与时俱进，创新发展，内涵不断得到丰富。

1. 从热爱祖国到强国奋斗

习近平总书记在关于设立“中国航天日”的重要批示中指出“探索浩瀚宇宙，发展航天事业，建设航天强国，是我们不懈追求的航天梦”“航天梦是强国梦的重要组成部分”。这一表述，意味着以航天精神为内核的航天文化已从“爱国”上升为“强国”。爱国是基础，强国是爱国的新标尺。

二院建院初期，在对全院同志进行“热爱祖国、热爱岗位”的教育中，提出了“生在永定路、死在八宝山”的口号。面对我国由大向强发展的战略需要，二院开启了全面建设世界一流航天安全防务研究院的新征程。新时代，航天精神与文化最重要的历史使命就是建设航天强国和实现航天梦的历史担当。

2010年，青年突击队立足岗位拼搏奋斗

2. 从自力更生到自主创新

我国航天事业靠自力更生起步，在自主创新中不断发展。习近平总书记指出：经过几代航天人的接续奋斗，我国航天事业走出了一条自力更生、自主创新的发展道路。在北斗三号全球卫星导航系统正式开通之际，他提出：要传承好、弘扬好“自主创新、开放融合、万众一心、追求卓越”的新时代北斗精神。这体现了以航天精神为内核的航天文化已从“自力更生”上升为“自主创新”。

从 20 世纪 60 年代开始，二院人从仿制入手，坚持自力更生，独立自主开始了我国导弹（航天）事业的发展征程。进入新时代，二院着力自主创新，形成了攻防兼备的全空域防空体系。从追赶到跟跑，中国航天需要奋起直追，这一追是自力更生；从跟跑到并跑，中国航天需要全力一跃，这一跃是自主创新；而从并跑到领跑，中国航天需要奋力一搏，这一博则是自立自强。正如习近平总书记所说：“创新决定未来。建设世界科技强国，不是一片坦途，唯有创新才能抢占先机。”

3. 从大力协同到协同攻坚

2020 年，习近平总书记在祝贺嫦娥五号任务取得圆满成功的贺电中用“追逐梦想、勇于探索、协同攻坚、合作共赢”16 个字高度概括总结了“探月精神”。从航天传统精神、“两弹一星”精神的“大力协同”到探月精神的“协同攻坚”，显示出当前以建设航天强国为目标的航天文化已从重视“大力协同”到强调“协同攻坚”。

建设科技强国、建设一流军队、培育具有全球竞争力的世界一流企业是新时代交给中国航天人的历史任务。作为新时代的二院人，要树立起协同攻坚的观念，以扎实的专业基础、过硬的专业知识，切实担负起富国强军的使命。

20世纪90年代，职工在机加车间攻坚克难

4. 从勇于攀登到勇攀高峰

2020 年，习近平总书记在给参与“东方红一号”任务的老科学家回信里，寄语新时代的航天工作者以老一代航天人为榜样，大力

弘扬“两弹一星”精神，敢于战胜一切艰难险阻，勇于攀登航天科技高峰。从航天传统精神、“两弹一星”精神中“勇于攀登”“勇于登攀”，到回信里强调的“勇攀高峰”，以及新时代北斗精神中“追求卓越”的要求，体现了科学的本质在于探索未知，展现了航天人筑梦苍穹、永不止步的探索精神。

中国航天事业不断取得一项又一项令人瞩目的成就，推动发展不断迈上新台阶，正是由于广大航天人几十年来始终坚持攀登科技高峰，始终追求卓越品质，以坚定的信念，坚持不懈奋斗，矢志不渝攻坚。未来，更多的“雪山”“草地”需要跨越，更多的“娄山关”“腊子口”需要征服，面对科技发展日新月异的形势，新时代的二院人要继续精益求精、追求卓越，勇克科技难关，勇攀科技高峰，在实现航天梦、强军梦、中国梦的征程中，书写更加壮美的奋斗传奇。

勇攀高峰，雷达技术不断取得突破

5. 从自我奋进到胸怀世界

航天事业不仅改变人类的视野，也会改变人类的命运。习近平总书记强调：“为推动世界航天事业发展继续努力，为人类和平利用太空、推动构建人类命运共同体贡献更多中国智慧、中国方案、中国力量。”这里体现出来的，是中国共产党作为马克思主义使命型政党，为绝大数人谋利益，为世界谋大同；是中国航天事业作为在马克思主义指引下、中国共产党坚强领导下的事业，支撑中国军队保卫国家主权，维护世界和平，在国际舞台上展现负责任的大国形象。

党的十八大以来，二院多型产品在国际舞台上崭露头角。“低空守卫者”保障印尼亚运会开幕，气象观测站为海上丝绸之路保驾护航，航天安保为奥运筑牢安全防线，智能制造为“一带一路”开辟新空间，智慧城市建设创造美好生活。奋进新时代，二院人要继续支撑国家“一带一路”和“人类命运共同体”建设，让中国航天科技创新成果为更多国家和人民所及、所享、所用，不断推动人类文明进步，缔造人类幸福与和平。

二、创新搭建平台，推动航天精神弘扬与航天文化建设落地

弘扬航天精神与文化不仅是建设航天强国的时代主题，更是提振中华民族自信心的动力源泉和塑造中国国家形象的重要载体。如何让“高、精、尖”的航天精神与文化传播走向专业化、通俗化、常态化、大众化和国际化，是新时代航天文化传播亟待研究和探索的重大课题。二院创新搭建文化传播、队伍建设、文化研究等平台，着力推动文化事业、产业繁荣发展。

1. 搭建文化传播平台，提升航天精神与文化影响力

60 多年来，二院始终高度重视航天精神与文化建设，创新搭建传播平台，不断提升对内凝聚力、对外影响力。

二院坚持内外联动，将对内、对外传播统筹谋划，对内打造融媒体平台，构建二院全媒体传播体系，对外与人民日报、新华社、央视等主流媒体建立密切联系，借助国家大事和社会热点广泛传播航天精神与文化。对内不止于航天精神与文化教育的传承和普及，对外也不拘泥于对航天精神与文化的弘扬和推广，二者互为整体，协同发展，共同讲好二院故事，弘扬航天精神、传播航天文化，促进航天精神与文化深入人心。

二院坚持守正创新，擦亮文化传播品牌。一是打造航天精神新地标，在国内率先建成首座钱学森与“航天四老”在一起的“航天梦”雕塑，建设二院首任院长王诤将军雕塑，成为来访二院的热门打卡地。二是拓展航天精神新阵地，建成二院历史文化馆，获评国家首批科学家精神教育基地，拓展建设成都分院文化展厅等，成为传播航天精神与文化的重要教育平台。三是展现航天精神新名片，出版《导弹人生》《建设航天强国》和《筑梦空天》《追梦空天》等“空天”系列图书，引发全社会广泛关注。

“航天梦”雕塑

二院第一任院长王诤将军雕塑

2. 搭建队伍建设平台，提升航天精神与文化凝聚力

二院注重宣传思想工作队伍建设，聚焦宣传思想文化工作举旗帜、聚民心、育新人、兴文化、展形象的使命任务，建立院、所两级管理体制，每年开展宣传思想文化工作部署，定期评选宣传工作优秀集体、个人，开展“天剑杯”新闻宣传技能比武、好新闻评选，开设“宣轩讲堂”培训品牌，定期组织宣传队伍培训和交流活动，打造了一支政治过硬、本领高强、求实创新、能打胜仗的宣传思想文化工作队伍。

3. 搭建文化研究平台，提升航天精神与文化支撑力

经过不断地创新实践，二院在推动航天精神与文化建设方面积累了丰富的经验，取得了一定的成效。为进一步固化成果，指导实践，二院加强航天精神与文化研究，紧密围绕二院改革、发展、稳定大局，借助政研会等平台，不断创新方法、手段，充分发挥理论研究和成果推广的作用，促进航天精神与文化建设融入中心工作、服务中心工作。

二院从全局高度做好航天精神与文化研究的顶层策划，紧密联系二院工作实际，聚焦科研生产经营、改革发展中的热点、难点问题，加大研究力度。二院坚持边研究、边转化，及时将研究成果创新运用到企业发展的具体实践中，通过实践检验和完善研究成果。

近些年来，二院涌现出一批理论水平较高、针对性较强的成果，多次获得中国政研会、中央企业政研会表彰。

三、强化制度创新，保障航天精神弘扬与航天文化建设见效

二院高度重视制度创新，建立“管有办法、干有指南”机制，制定下发企业文化建设管理办法、企业文化建设指南、思想政治保障体系管理办法等一系列规章制度，通过确立制度思维方式、构建制度运行机制、完善制度运行保障、彰显制度运行效能、构建效能评价体系，推进文化建设的规范化、制度化，为文化建设落地见效提供制度保障。

2019年，冲刺四季度一线攻关现场

1. 创新组织保障机制

二院持续推动文化建设工作体系和制度运行机制建设，建立了党委统一领导、党政主要领导亲自抓、企业文化建设部门具体负责、各职能部门分工落实的“四位一体”领导体制，为推进企业文化建设奠定了坚实的组织基础。

2. 创新示范带动机制

新时期的企业文化建设，要坚持统筹谋划，创新举措，示范带动，全面推进，不断提升企业文化的创造力、传播力。二院通过组织评选示范单位，组织开展现场观摩、经验交流等活动，充分发挥示范引领、辐射带动、团结交融作用，推进文化自信自强，打造精神文化高地，形成企业文化建设示范带动机制，推动各单位文化建

设蓬勃开展。

3. 创新考核评价机制

企业文化制度的建设与运行，需要通过效能评价体系，对建设治理工作的质量和成效进行科学评估。二院以满足事业发展需要为目标，以满足职工发展诉求为标尺，以检验文化治理效能的科学性和实效性为主旨，将卓越绩效评价方法引入企业文化建设考核体系，树立先进的评价理念、确定科学的评价目标、设计完善的评价指标体系和评价标准、运用科学完备的评价方法，具体将评价标准分解成 32 条考核项，形成了科学完备的效能评价体系，促进文化建设持续推进。

第三节　群众性文化创建是弘扬航天精神、加强航天文化建设的重要基础

航天精神与文化作为航天事业传承和发展最根本、最深沉、最持久的力量，是凝聚航天职工群众向心力，增强自信心，团结一心、共同奋斗的思想基石。弘扬航天精神、加强航天文化建设，离不开每一名航天人的广泛参与。职工群众广泛、深度参与的群众性文化创建活动是弘扬航天精神、加强航天文化建设的重要基础。

一、纵向到底，推动航天精神弘扬与航天文化建设同频共振

群众性文化创建是以职工群众为主体，通过各种形式的文化创建活动，表达自身思想感情，传递文化信息，丰富自我的精神生活的一种文化行为。其目的在于激发群众的积极性、创造性和参与度，推动社会文明进步和个人的全面发展。

二院以满足人民群众精神文化需求为着力点，传承中华优秀传统文化，弘扬航天精神，持续深化群众性文化创建，为职工群众提供优秀文化服务和文化产品，加快建设更具创造力、创新力、影响力的特色文化，增进文化自信自强。

1. 群众需求是航天精神弘扬与航天文化建设纵向到底的根本动力

经济社会发展水平越高、人民群众物质生活越丰富，人们的精

神文化需求就越突出。目前，我国已经转向高质量发展阶段，人民改善生活品质的愿望更加强烈，对享有更丰富、更高品质文化生活的期盼日益高涨，为航天精神与文化纵向到底，在群众中广泛开展提供了广阔的空间。

群众性文化创建从兴起到发展，从完善到创新，始终根植于广大职工群众的自觉实践中，体现着群众的利益、愿望和要求，体现了群众自觉参与的意识和精神风貌。在这个过程中，二院各级党委充分尊重群众的积极性和创造性，及时发现群众中可贵的精神，加以引导、总结、提炼和推广，使群众性文化创建不断走向成熟和完善。在二院的文化体系中，从二院到厂所，再到研究室、车间，直至班组，在精神与文化建设过程中，坚持围绕航天科工、二院母文化，满足职工群众的迫切需求，开展一主多元文化建设，已经形成一个连贯的纵向系统。

2. 多彩活动是航天精神弘扬与航天文化建设纵向到底的重要载体

多姿多彩的文化活动是广大职工群众的成功实践，是航天精神与文化建设中不可替代的重要组成部分。在二院的长期实践过程中，形成了丰富多彩、别具特色的群众性文化活动。从线下到线上，从院内到院外，群众性文化创建的内容、形式有了很大的发展，成为涉及社会生活各领域各行业人士广泛参与的群众性活动。

二院开展的群众性文化创建活动既包括文化讲堂、主题文化活动，又包括评选推树、提炼精神等凝结群众智慧的文化创建工作。通过组织开展院士讲堂、道德讲堂、感动人物评选、事迹展览等丰富的的群众性文化创建活动，将弘扬航天精神、传播航天文化纵向推进、一贯到底，实现各层级文化全员广泛参与、同频共振。

二院运动会成为展现职工良好精神风貌的重要载体

3. 阵地建设是航天精神弘扬与航天文化建设纵向到底的基本保障

开展群众性文化创建，阵地是一个关键因素，也是一个制约因素。二院院史馆、二院成都分院文化展厅、二院文化活动中心，以及各类展厅、图书阅览室等设施都承担着向职工群众提供日常开展文化活动的场所的功能，在一些特殊场景中，食堂、办公场所等地也可以成为文化传播的阵地。

二院历史文化馆以陈列珍贵文物、多媒体视频演示等方式，深情讲述老一代航天科学家鲜活的人物故事，大力弘扬“国家利益高于一切”的核心价值观、“有矛必有盾”的企业发展哲学和“求实、创新、协同、奉献”的企业精神。二院职工文化中心承担着文艺演出、技术竞赛、专题讲座等任务，也是职工业余时运动休闲的场所。除此之外，二院各级职工书屋、食堂等百花齐放，为职工文化活动开展提供了场所上的保障。

2010年，升级改造后的二院职工文化中心焕然一新

4. 榜样人物是航天精神弘扬与航天文化建设纵向到底的关键力量

伟大时代呼唤伟大精神，崇高事业需要榜样引领。让航天精神与文化可知、可感、可见、可学，榜样人物发挥着关键作用。这些从群众中脱颖而出的榜样人物，是航天精神和企业文化理念的具象。他们是实际工作中的旗帜、标杆、灯塔，以人格魅力汇聚强大的感召力，让航天精神与文化深入人心，广为传播。

榜样人物的事迹借助各类媒体载体传播。二院充分发挥全媒体传播体系效能，不断创新载体形式，拓展宣传阵地，线上线下同步策划，融合互动，以职工群众乐于接受和易于理解的方式讲述航天人的故事，传播航天精神与文化。《导弹人生》及“空天”系列图书也是重要传播载体，一大批“干惊天动地事、做隐姓埋名人”的航天先进典型人物由此广为人知，成为广大职工群众的学习榜样、社会各界了解航天精神与文化的代表。

二、横向到边，推动航天精神弘扬与航天文化建设百花齐放

1. 专项文化是航天精神弘扬与航天文化建设横向到边的主要内容

我国航天事业快速发展，不仅依托于日益先进的技术水平，同时也离不开优秀的航天精神与文化。基于航天企业的特殊性，航天精神与文化在型号建设、质量管控、安全建设、廉洁风气等方面有着区别于其他企业的要求，也因此形成了具有航天特色的专项文化。这些方面的文化建设与业务工作互为表里，在推动业务工作上发挥了重要的作用。

二院专项文化建设贯彻“五同时”的要求，即与业务工作“同计划、同部署、同检查、同总结、同考核”，积极推进航天精神文化与业务工作深度融合，发展了以型号文化、品牌文化、质量文化、安全文化、廉洁文化等为代表的专项文化，形成百花齐放、各具特色的专项文化体系。

2. 系统建设是航天精神弘扬与航天文化建设横向到边的必要路径

航天精神弘扬与航天文化建设横向到边离不开对专项文化的系统推进和全面建设。在二院长期的实践过程中，形成了“质量是政治、质量是生命、质量是效益”的质量文化、“以人为本、预防为主、综合治理”的安全生产方针、“国家利益高于一切、保密责任重于泰山”的保密文化、“公平、正义、廉洁、和谐”的廉洁文化和“以工艺求质量、以工艺促进度、以工艺出效益”的工艺文化。各种专项文化形成一个有机整体，从各个方面推动工作高质高效开展。

二院系统策划开展“质量月”等活动，营造质量氛围，强化“零缺陷”质量意识，提升工作质量水平；针对安全文化制定总体要求，从观念、制度、行为三个方面推动实施；举办安全保密展，制作微视频，持续加强保密宣教，推动航天保密文化的传承与创新；印发加强新时代廉洁文化建设的实施方案，从核心理念系统、视觉识别系统、行为识别系统三个方面系统推进。从顶层设计到制度保障，从项目实施到效果评定，专项文化在系统建设中走深走实，与业务工作联系更加紧密。

3. 群众参与是航天精神弘扬与航天文化建设横向到边的重要基础

航天精神与文化建设横向到边，离不开职工群众的共建共享。在横向到边的过程中，人人都是创建主体，事事都是创建大事。“严慎细实”的工作作风渗透在每一个环节中，“求实、创新、协同、奉献”的精神体现在每一项任务上，“科技强军、航天报国”的愿望深埋在每一个职工群众心中。强化群众性文化创建的基础地位，意味着航天精神与文化建设需要紧密围绕群众性文化创建展开，文化活动、文化项目、文化品牌的推出需要“从群众中来，到群众中去”，对群众性文化创建进行支持、鼓励、推动和保障，让群众性文化创建成为航天精神与文化建设的深厚基础。

2018年，一线攻关现场

二院的文化创建活动高度重视职工群众的积极参与和努力。通过文化创建激发职工群众的工作动力；通过家属的支持和社会的关注提供力量来源；通过群众性文化创建，传播航天精神与文化，使更多人了解并认同航天精神与文化，为航天事业的持续发展做好人才储备。在具体的实践中，各个岗位上的航天人被紧密团结起来，航天亲友被紧密发动起来，航天社区被紧密召集起来，更广范围内关心航天事业的广大群众被带动起来，所有群众共同提升航天精神与文化建设的广度。

三、与时俱进，推进开放的航天精神弘扬与航天文化建设体系

精神与文化的生命力源于创新创造，会随着时代变迁、社会变革不断与时俱进，创新发展。航天精神与文化在广泛深入的交流互鉴中取长补短、相得益彰、不断进步。激发航天人文化创新创造活力，提升航天精神与文化的凝聚力感召力，增强其传播力影响力，都离不开与时俱进和开放包容。

航天精神与文化的创新发展要运用新思路、新话语、新机制，按照时代特点和要求，不断赋予新的时代内涵和现代表达形式以激活生命力。要随着形势的发展变化和航天事业的不断发展，对航天精神与文化的特质、内涵加以补充、拓展与完善，使航天精神文化与时代相适应，进一步增强职工的精神与文化自信，让航天精神与文化始终反映时代精神、引领时代潮流。

纵向到底，推动航天精神弘扬与航天文化建设同频共振；横向到边，推动航天精神弘扬与航天文化建设百花齐放。纵横发力，与时俱进，就能在更多职工群众心中埋下航天精神与文化的种子，为航天事业发展蓄能，推动航天强国建设不断迈向新的高度。

第八章

弘扬航天精神、推动文化建设的丰硕成果

在60多年的发展历程中，二院在大力弘扬航天精神、推动文化建设上凝练了很多各具特色的文化理念，编著出版了系列图书，形成了很多较有影响的活动载体平台，是二院宝贵的精神财富和物质成果。

为便于集中呈现，本章从理论成果、实践成果、文化活动三方面按“有特色、不求全”的原则进行部分集纳，促进这些成果的推广应用和各单位相互借鉴、学习参考。

理论成果中，精神文化理念既展现了二院坚持传承弘扬的航天精神、文化，也自上而下涵盖二院、各厂所、研究室、车间、班组的文化理念，同时包括各业务工作形成的专项文化理念。图书论著主要是多年来二院组织编著的各类体现航天精神、航天文化建设方面的图书，包括公开出版的和内部编印的书籍。理论文章主要是党建思想政治工作研究及有关文化建设方面的优秀课题、论文等，主要收录近些年获得中国政研会、中央企业政研会一等奖、二等奖和航天科工政研会一等奖的成果，中国企业文化研究会、中国企业联合会评选的优秀成果等。

实践成果中，展厅展览主要是院史馆、各类展厅、展览，以及在特定时期组织的有一定影响的展览等。雕塑主要是“航天梦”雕塑、王诤将军雕塑等人物雕塑，以及标志性的装备模型等。

文化活动中，主题活动主要是近些年组织开展的中国航天日主题文化活动，有特色、形成一定影响的主题活动等。讲堂活动主要是院士讲堂、二院大讲堂、道德讲堂等各类宣讲航天精神、航天文化的活动。

第一节　理论成果

一、精神文化理念

1. 航天精神

航天传统精神：自力更生、艰苦奋斗、大力协同、无私奉献、严谨务实、勇于攀登

“两弹一星”精神：热爱祖国、无私奉献、自力更生、艰苦奋斗、大力协同、勇于登攀

载人航天精神：特别能吃苦、特别能战斗、特别能攻关、特别能奉献

探月精神：追逐梦想、勇于探索、协同攻坚、合作共赢

新时代北斗精神：自主创新、开放融合、万众一心、追求卓越

2. 二院文化理念

企业核心价值观：国家利益高于一切

企业使命：科技强军、航天报国

企业精神：求实、创新、协同、奉献

企业工作作风：严、慎、细、实

企业精神禀赋：不服输、敢创新、顾大局

讲协同、重实干、比贡献

企业发展哲学：有矛必有盾

企业愿景：建成世界一流的航天安全防务研究院

3. 厂所文化理念

二部：全局、奉献、求实、创新

空间工程总体部：奋斗、创新、引领、共赢

网络信息总体部：全局、开放、创新、拼搏

23 所：胸怀、责任

25 所：团结拼搏、争创一流

201 所：诚信、创新、协同、奉献

203 所：创新、精准、协同、求实

206 所：求实、创新、协同、奉献

207 所：创新、责任、协同、真诚

208 所：实干、创新、奉献、先行

706 所：专业、客观、品质、价值

283 厂：坚守使命、真诚团结、务实奋斗、守正创新、追求卓越

699 厂：自信、自立、创新、高效

长虹公司：坚守使命、敢为人先、砥砺创新、追求卓越

长峰新联：保障科研生产、服务职工生活

中天鹏宇：团结、拼搏、进取、创新、规范、服务

天剑人才中心：求是担当、卓越奉献

航天长峰：求实、自强、超越

智慧产业公司：团结、拼搏、专业、高效

4. 研究室文化理念

二部一室：传承、博纳、务实、创新

空间工程总体部空间系统工程部：创新、拼搏、务实、担当

网络信息总体部军用事业部：云纳四海、网聚英才、数智未来

23 所总体部：尚德、格物、协作、创新

25 所一室：引领、务实、创新、思考

201 所六室：转型提升、拼搏向上、积极团结、和谐友爱

203 所六室：勇攀高峰、打造精品、贴近市场、服务用户、行业领先、成人达己

206 所总体室：讲奉献、重大局、强牵引、勇创新

207 所特性室：立足特性、聚焦应用、融汇协同、卓越共赢

208 所翻译中心：精准传递中国声音、助力中国航天走向世界

706 所中认公司研究室：专业、客观、品质、价值

中天鹏宇特种装备配套中心：保障有力、顾客满意、勇于担当、无私奉献

长虹公司研究所：钻研、创新、坚毅、奉献

5. 车间文化理念

23 所四车间：主动、进取、协作、精益

25 所装调部：争做一流员工、制造一流产品、共创一流团队

203 所电装生产车间：勤学巧干，提升生产效率；凝心聚力，严把质量周期

206 所车间：政治上保证、制度上落实、素质上提升、权益上维护

706 所电装车间：求实、创新、协同、奉献、卓越、钻研

283厂四分厂：仰望星空逐梦，脚踏实地前行

699厂60总装车间：责任、团队、激情、奉献

长虹公司机加车间：不等待、不埋怨、不推过

6. 班组文化理念

二部张奕群班组：勇于创新、善于攻关、勤于学习、甘于奉献

空间工程总体部总装测试班组：勇于开拓、攻坚克难、精益制造、逐梦星辰

网络信息总体部政法科技创新班组：敢打硬仗、勇攀高峰 、开拓创新

23所总装班组：能力提升、开拓创新、安全至上、高质精品

25所三室智能信号处理班组：软件定义、创新赋能、智能引领

203所一室光电计量测试技术研究组：讲学习、求创新、比贡献、促和谐

206所总装调试室班组：凝心聚力、精益求精

706所第七事业部杨帆创新工作室班组：爱岗敬业、争创一流、艰苦奋斗、勇于创新、淡泊名利、甘于奉献

699厂王保森技能大师工作室班组：竭诚创新、臻于至善、与时俱进、奋楫争先

长虹公司总装总调班组：精益制造、质量致胜、团结一心、争创一流

航天长峰“高端医疗装备生产”班组：为人民守护健康、为生命保驾护航

二、图书论著

1.《航天梦》

2019年4月，在第四个“中国航天日”之际，二院建成“航天梦”雕塑，并编辑出版《航天梦》，集中展示钱学森、任新民、屠守锷、黄纬禄、梁守槃的生平和感人故事。

2.《筑梦空天——航天精神在二院》

2020年4月，在第五个“中国航天日”之际，二院组织编著出版《筑梦空天——航天精神在二院》一书。该书以航天精神在二院的实践为主线，以航天精神“谱系”的嬗变为基础，以在不同的历史时期、不同的型号项目、不同的团队和个体鲜活生动的典型形象脚踏实地地传承弘扬爱国主义精神为溯源，系统总结了航天精神的特质和禀赋，讲述了二院人传承和践行航天精神的生动故事，提出了航天精神在新时代传承和弘扬的现实意义。

3.《王诤传奇故事》

2021年4月，在第六个“中国航天日”之际，二院建成第一任院长王诤将军雕塑。同时，为进一步大力宣传王诤将军的典型故事，编写了《王诤传奇故事》，通过70余个故事，回顾王诤将军为党的事业鞠躬尽瘁的一生，深刻铭记党的光辉历程，学习传承党铸就的伟大精神，感悟并

践行全心全意为人民服务的宗旨。

4.《导弹人生》

在航天工程的研制和实践中，航天系统探索形成了以总指挥系统和总设计师系统为代表的“两总”系统。为铭记型号两总的突出贡献，2022 年 4 月，在第七个“中国航天日”之际，二院党委组织编著出版《导弹人生》一书。该书共收录 12 位型号两总的故事，全面客观地记录型号两总成长经历和重要贡献，是传承航天精神、弘扬科学家精神的一次生动实践，为二院发展积累了宝贵的精神财富。讲述型号两总的故事，让榜样的力量在新时代熠熠生辉，这是对型号两总们的敬意，也是对两总系统团队的致敬，更是对中国共产党领导下的空天防御事业奋斗征程的礼赞。该书于 2023 年入选全国中小学图书馆推荐书目。

5.《追梦空天》

2023 年 4 月，在第八个“中国航天日”之际，二院党委组织编著出版《追梦空天》。这是一套原创科普绘本，创新采用绘本的形式，将二院 66 年来的发展历程，以精炼的故事、精美的绘画，图文并茂地进行了生动展现，首次为读者奉上一部“看得见的中国空天防御事业发展史”。同时，该书还将航天知识以通俗易懂的语言进行了科学普及，为广大读者特别是青少年打开了一扇了解航天、学习航天知识的大门。

6.《砺剑空天》

2023 年 4 月，在第八个“中国航天日”之际，二院党委组织编著出版《砺剑空天》。该书记录了工匠精神在二院的实践落地，通过一个个感人至深的典型人物、团队成长故事，深刻诠释了二院人心怀“国之大者”，精益求精、匠心逐梦、矢志不渝为国铸剑的责任与担当，体现出二院党委多年来真心用才、悉心育才的坚强决心。

7.《建设航天强国》

在党的二十大即将召开之际，由二院党委主导、二院党校主笔的《建设航天强国》一书正式出版。作为“问道 · 强国之路”丛书分册之一，《建设航天强国》以习近平新时代中国特色社会主义思想、习近平总书记关于建设航天强国的重要论述为指导，聚焦为什么建设航天强国、怎样建设航天强国等问题，从理论维度、历史维度、实践维度科学阐述航天强国的内涵，展现了中国式现代化道路在航天领域的具体样态，描绘了未来发展的宏伟蓝图，以此激发全民族的自豪感、荣誉感、自信心，激励广大青年投身航天事业与国防科技工业，努力实现航天梦、强军梦、中国梦。本书的出版，对于航天事业的推广、航天品牌的传播、航天精神的弘扬起到了积极推动作用。

8.《总体精神故事集》

2023年10月，在建部65周年之际，二部党委组织编写《总体精神故事集》，分为“全局、奉献、求实、创新”四个篇章，通过65个聚焦一线、鲜活生动、短小精悍、以小见大、富有哲理的小故事，有力展示了二部人在新时代以实际行动践行总体精神的生动实践，展现航天人奋进新时代的精神风貌，进一步推动总体精神入脑入心入行。

9.《初心》

2020年，为进一步深化“不忘初心、牢记使命”主题教育，推动学习贯彻习近平新时代中国特色社会主义思想往深里走、往心里走、往实里走，23所党委组织编辑出版了《初心》一书。本书收入了获得建院50周年突出贡献个人、建所50周年先进个人、建院55周年先进工作者、建院60周年突出贡献个人、23所2009—2018年度十年突出贡献先进个人的人生格言和初心故事。

10.《可亲可敬的航天雷达人（百年百篇特辑）》

2021年，23所编辑出版《可亲可敬的航天雷达人（百年百篇特辑）》。本书收集、整理了建所以来在外部公开媒体、集团内媒体上刊发的100个优秀共产党员、优秀团队故事，让榜样的力量直抵心灵，化作奋进新时代的强大动力，厚植团结奋进、无私奉献的精神土壤，为

推动企业高质量发展贡献力量，为实现中国梦、强国梦、航天梦接续奋斗，不懈努力。

11.《向太空进发》中国载人航天科学绘本

2019年，208所编著出版《向太空进发》中国载人航天科学绘本——《我想去太空》《飞船升空了》《你好！空间站》。该书荣获“十三五”国家重点出版规划项目、中宣部2019年主题出版重点出版物、科技部“2019年全国优秀科普作品”，入选教育部推荐的幼儿图画书推荐书目等荣誉。

12.《带我去月球》航天科普绘本丛书

2021年，208所组织编著出版《带我去月球》航天科普绘本丛书，是自嫦娥五号携带月壤返回以来，第一套为5～10岁小朋友介绍探月工程全历程的读物。该书获评科技部“2022年全国优秀科普作品”，入选“星光耀我心·建党100周年红色主题书目”大国腾飞篇，入选《商务周报》联合73家出版机构推出的2021年“六·一”优秀童书书单。

13. 空天宝贝系列绘本

2022—2023年，208所策划、设计、开发“空天宝贝”独立IP，出版空天宝贝系列绘本第一套《空天宝贝登月吧》、第二套《空天宝贝战斗吧》，聚焦二院主责主业，进行导弹装备知识科普，填补了国内同类图书的空白。

14.《党史上的今天 · 党员学习笔记》

中天鹏宇制作的《党史上的今天 · 党员学习笔记》，以中国共产党历史上的重大事件、重要会议、重要文件、重要人物为主线，通过“图片 + 事件 + 解读”的多元化展现形式，向广大党员、干部普及党史知识，弘扬革命精神和优良传统。该笔记于 2021 年 5 月 18 日“国际博物馆日”亮相国家博物馆文创体验区“全国红色文创精品专区”，为促进红色文化的传承与发展贡献力量。支部活用《党史上的今天 · 党员学习笔记》开展党史学习的微视频在中国青年网和学习强国等平台播出。

三、理论文章

1. 党建思想政治工作研究课题成果

《航天企业思想政治工作创新研究》（二院），获评 2012 年度中国政研会课题研究优秀成果一等奖。

《运用系统工程推进企业文化建设的创新与实践》（二院），获评 2013 年度中国政研会优秀成果二等奖。

《航天企业转型升级战略下企业文化建设研究》(二院),《航天企业幸福文化建设研究》(25 所),《航天企业文化生态建设探索与实践》(206 所),《航天企业思想政治工作预警机制初探》(203 所),获评 2014 年度中国政研会优秀成果三等奖。

《航天军工企业政工干部全维胜任力素质模型研究与实践》(二部),获评 2016 年度中国政研会优秀成果三等奖。

《新时期航天企业意识形态工作研究》(二院),获评 2017 年度中国政研会二类优秀成果。

《航天企业中公司制企业党组织领导作用发挥研究和实践》(二院),《国家安全视角下航天军工企业意识形态工作方法研究》(二部),获评 2017 年度中央企业党建思想政治工作优秀研究成果三等奖。

《航天企业文化落地实践与研究》(二院),获评 2018 年度中国政研会二类优秀成果。

《以航天系统工程的方法提升企业党建质量的研究与实践》(二院),获评 2018 年度中央企业党建思想政治工作优秀研究成果二等奖。

《航天企业基层组织力提升的实践与研究》(25 所),获评 2018 年度航天科工党建思想政治工作优秀研究成果一等奖。

《国有企业收并购文化融合实践与研究》(二院),获评 2019 年度中国政研会二类优秀成果、中央企业党建思想政治工作优秀研究成果二等奖。

《航天企业基层党支部标准化规范化建设的初探与实践》(二院),获评航天科工党建思想政治工作优秀研究成果一等奖。

《新时代军工企业群众性经济技术创新工作的探索与实践》（二院），获评2019年度航天科工党建思想政治工作优秀研究成果一等奖。

《社会化背景下国有企业退休人员思想政治工作研究与实践》（二院），获评2020年度中国政研会二类优秀成果。

《国有军工企业意识形态工作方法研究与实践》（二院），获评2020年度航天科工党建思想政治工作优秀研究成果一等奖。

《以政治监督为统领系统推进军工国有企业党内监督工作研究》（二院），获评2020年度航天科工党建思想政治工作优秀研究成果一等奖。

《国有企业推进媒体融合发展探索研究》（二院），获评2021年度中国政研会二类优秀成果。

《国有控股上市公司“大监督”体系构建的探索与实践》（二院），获评2021年度航天科工党建思想政治工作优秀研究成果一等奖。

《基于互动仪式链的航天精神传承研究》（天剑中心），获评2021年度中央党校企业党校智库课题二等奖。

《新时代航天青年精神素养提升实践与研究》（二院），获评2022年度中国政研会二类优秀成果、中央企业党建思想政治工作优秀研究成果二等奖。

《基于航天军工企业高质量发展的高技能人才队伍建设研究与实践》（二院），《大型军工企业基于提升职工生活品质的身心健康服务体系构建与实施研究》（二院），获评2022年度航天科工党建思想政治工作优秀研究成果一等奖。

《国有控股混合所有制企业党建工作创新机制研究》（天剑中

心），获评中央党校企业党校智库 2022 年度课题二等奖。

2. 党建思想政治工作研究论文成果

《基于人企和谐发展的航天企业幸福文化建设》（25 所），获评中国企业联合会、中国企业家协会 2012—2013 年度全国企业文化优秀成果。

《军工企业以客户为中心的全价值链服务文化建设》（25 所），获评 2016 年度国防科技工业企业管理创新成果三等奖。

《运用系统工程的方法培育文化竞争力》（二院），获评中国企业联合会、中国企业家协会 2016—2017 年度全国企业文化优秀成果。

《航天企业创新文化实践》（二院），2017 年获评第十届中国企业文化百人学术论坛一等奖。

《以系统工程方法推动企业文化落地》（二院），获评中国企业联合会、中国企业家协会 2018—2019 年度全国企业文化优秀成果。

《创新党建思想政治工作 引领空天防御迈向新高地》（二部），2020 年入选《国有企业党建蓝皮书：国有企业党建发展报告》。

《"红色文化 + 航天精神"党建文化移动阵地建设的探索与实践》（中天鹏宇），2021 年获评第十七届中国企业培训创新成果金奖，入编《中国企业培训蓝皮书 XIII》。

《坚决扛起强军首责 锻造高质量发展"红色引擎"》（二部），2022 年入选《国有企业党建蓝皮书：国有企业党建发展报告》。

《"三彩行动"推动党史学习教育常态化长效化》（二部），获评 2022 年度"国企党建创新优秀案例"。

《以系统工程方法推动企业文化落地》（二院），2023 年获评中国企业文化研究会"新时代十年企业文化"典型经验。

《以党建“四融”机制，推动企业高质量发展》《筑牢基层党支部战斗堡垒，助力航天企业高质量发展》《凝心聚力打造“五型”支部 筑牢航天基层战斗堡垒》(二部)，获评2023年度“全国企业党建创新优秀案例”。

《“三彩”领航、融合“铸盾”，打造捍卫祖国空天的战斗堡垒》(二部)，获评2023年度“国企党建品牌建设优秀案例”。

《“五元融合”深化党员教育，助力打造捍卫祖国空天的红色堡垒》(二部)，2023年获评第六届基层党建创新优秀案例。

《以党建“双环模型”弘扬科学家精神，打造航天企业高质量发展红色引擎》(二部)，获评第四届现代工业企业创新成果(2022—2023)二等奖。

《以党建四融机制推动企业高质量发展》(二部)，《“三位一体”构建混合所有制企业党建与科研生产经营中心工作一体化工作格局》(空间工程总体部)，《搭建党组织“六座桥”，激发红色引擎动能》(706所)，《打造品牌体系，激发党建活力，以党建之舵引领航天企业高质量发展》(283厂)，入选2023年度全国企业党建创新优秀案例。

《军工院所基于文化引领和人才依托的精导品牌建设管理》(25所)，获评2023中国企业改革发展优秀成果三等奖。

《一引领三融合，以深融为基树党建特色品牌》(706所)，入选2023年度国企党建品牌建设优秀案例。

《从延安精神和航天精神中汲取前行力量》(天剑中心)，被“学习强国”一级平台“党史－精神栏目”收录。

第二节　实践成果

一、展厅展览

二院院史馆——科学家精神教育基地

二院院史馆坐落于二院永定路工业区99号楼一层东侧，以鲜活的人物故事和感人的历史事件，描绘了新中国成立以来，在中国共产党的领导下，国家命运、国防事业、航天事业的惊天巨变，以历史为据、以时间为轴，展示了二院的历史、使命、主业和辉煌成就，书写了空天防御事业发展气势恢宏的壮丽史诗。2022年5月，在中国科协、教育部、科技部等国家机关联合开展的“科学家精神教育基地”评选中，二院院史馆成功入选，成为全国首批140家“科学家精神教育基地”之一。自2018年开馆以来，二院院史馆共接待各类参观活动2000余场近10万人次，获得了政府部门、科研教育系统等各类合作客户和社会各界来宾的高度评价，在传承航天文化、弘扬航天精神、展示二院形象和实力等方面发挥着重要作用。

二院成都分院文化展厅

二院成都分院文化展厅位于四川省成都市金牛区高新技术产业园区成都分院总部研发大楼一层。展厅以二院发展历史为主线，展现从建院至今二院的发展历程和取得的辉煌成就，体现不同发展时期的精神传承。展厅整体内容与二院院史馆保持一致，同时体现成都分院特色。该展厅于 2021 年 4 月建成，年接待各方来宾上百场，把航天精神撒向川蜀大地，成为西南地区传播航天精神与文化的重要阵地。

二院西安分院文化展厅

二院西安分院文化展厅位于陕西省西安市国家超算西安中心二期 4 号楼一层。展厅整体内容与二院院史馆保持一致，同时体现西安分院特色。该展厅于 2023 年筹划建设，将成为二院在西北地区传播航天精神与文化的重要阵地。

王诤生平事迹展

2021 年 4 月，在第六个“中国航天日”之际，二院举办王诤将军生平事迹展，共同回顾二院第一任院长王诤

同志为党的事业不懈奋斗的一生，为实现中国梦、航天梦、强军梦凝聚奋进的力量。该展览设在图书馆楼一层礼堂，展区按照时间顺序，采用图文相结合的方式，追溯了王诤同志怀着对马克思主义的坚定信仰，从一名热血青年成长为共和国开国元勋的历程。该展览建成后，二院广大干部职工踊跃前来参观怀念老院长，社会各界人士也纷纷前来参观学习，累计接待 3 万余人次。

黄纬禄生平事迹展

2011 年 11 月，黄纬禄院士逝世后，为缅怀并学习他用全部生命写就导弹人生的感人故事，二院举办黄纬禄生平事迹展，以大量珍贵的历史照片和精炼的故事，展现了黄纬禄光辉的一生。该展览设在二院职工文化中心一层东侧，先后接待了来自航天系统内的大量干部职工参观追忆，并有来自全国多地的社会各界人士专程前来参观学习。2016 年 12 月，为纪念黄纬禄诞辰 100 周年，二院举办道德讲堂，并在二院职工文化中心东厅举办黄纬禄事迹展。

二部党建文化阵地——二部党员政治生活馆

二部党员政治生活馆是二部于 2019 年建成的党建文化阵地和多功能会议室，也是二院首个由党建读物出版社授牌的党建书苑。该馆展示了二部党建发展历程，党建和企业文化发展成就等。党员政治生活馆自建成以来，接待了多家上级单位和航天兄弟单位参观，举办二部及各党支部的党员活动，成为二部党建文化展示的重要窗口。

空间工程总体部智慧星空间

2023 年 4 月，空间工程总体部智慧星空间正式投入使用。智慧星空间总面积近 260 平方米，设立阅读区、交流区、展示区，以职工书屋+模式，打造集党员教育、理论宣讲、学术交流等功能为一体的智慧学习“星”阵地。

23所初心文化园

23 所初心文化园党员教育基地位于二院河北综合测试试验场内，于 2021 年 6 月建成，石碑上的“初心文化园”由张履谦院士题写，园中陈列着 23 所建所以来的一些功勋装备和获得建院、建所 50 周年、60 周年表彰的“先锋者”手模。采用雷达的无线电波作为设计元素，空间上由一轴（中轴）、一带（参观步道，也称雷达路）、三点（党徽、胸怀石、责任石）构成。初心文化园作为 23 所党员教育基地，用于教育引导广大党员干部职工坚定理想信念、筑牢初心使命，传承红色基因、赓续红色血脉，在新时代新征程上跑出好成绩。

25所“淬剑厅”

作为宣传、展示25所历史文化及创新发展的重要窗口，爱国爱所教育的基础阵地以及交流互鉴、提升品牌形象的主平台，25所展厅在重要接待、访问合作和企业文化展示等方面发挥着重要作用。展厅得名“淬剑厅”，意在表达强军报国志，淬以百炼坚，炬目空天际，剑砺极智艰。淬剑铸魂，为精导事业积蓄“千磨万击还坚劲”的韧性，砥砺“越是艰难越向前”的品格，为25所峥嵘奋进路和未来发展的宏伟目标批上新一代注脚。

203所党建活动中心

203所党建活动中心位于计量大楼六层，于2023年1月建成使用。中心展示了入党誓词，中共一大至二十大的重要标志性内容，包括航天精神在内的中国共产党人精神谱系，是传承和弘扬航天精神的重要载体。中心安装多媒体设备、便于学习记录的桌椅、宣传展板、成果展示柜等，形式多样、空间充裕，可供党员进行党建学习活动。

206所党建活动室

206 所打造党建活动室，设计融入该所典型产品元素，通过大量展现党员良好精神风貌的图片，诠释“科技强军，航天报国”的使命担当。活动室从多个方面展现所党委始终坚持把方向、管大局、保落实领导责任的成果成效。

207所党建文化教育基地

2024 年，207 所在测试场建设党建文化教育基地，通过一系列雕塑、图片、文字，展示优秀党员、团员事迹，让“党的旗帜”竖起来，让“党员底色”亮起来，在“找准定位、把准方向、精准发力”上赋能科研生产、体现党建优势，通过强化引领，推动党建工作与科研生产工作的相互渗透。

699厂总装车间红色地标

2023 年，为弘扬航天精神、传承优秀文化、发展总装事业，699 厂以 60 总装车间为阵地，筹备建设红色地标。该文化空间分为航天精神、文化故事、先锋榜样三个部分，由大到小、由面到点、层层深入，展现出航天人踏浪逐梦、担当奉献、接续奋斗，不断把伟大事业推向前进背后的精神力量，成为用文化凝聚、激励、教育职工的新平台。

长虹公司航天文化展厅

长虹公司航天文化展厅位于长虹公司主办公楼三楼东侧，是长虹公司全方位展示三线企业发展历程，系统介绍工厂主营业务发展情况，宣扬航天精神的重要文化场所。该展厅设置了序厅、主题展厅和放映厅三大板块，主题展厅分为“航天之根本”“防御之利器”“企业之风采”三个部分，以图文、视频和实物全景式展现了长虹公司对“科技强军、航天报国”这一神圣使命的赓续及传承。

中天鹏宇数字化党建主题馆

2018 年，中天鹏宇公司以“不忘初心、牢记使命、永远奋斗”为建设主题，全面融入数字展示技术和移动互联技术，设计打造航天科工首个集教育、管理、服务等多功能于一体的数字化党建主题馆。主题馆建设伊始，就将精神文化元素融入其中，打造成为培育和践行社会主义核心价值观、传承企业文化、弘扬企业精神、推进文化理念落地的新平台和新窗口。主题馆自开馆后便吸引了系统内外广泛关注，建设成效在《人民日报》等中央级、省部级媒体集中报道。

中天鹏宇“红色文化+航天精神”党建文化移动阵地

“红色文化 + 航天精神”党建文化移动阵地是 2020 年中天鹏宇公司以自营多年、奔波驰骋在转运战线上的铁路自备车和公路特装车为载体，精心打造的国内首个数字化党建文化移动传播阵地，包括红色专列和红色专车两个党建文化阵地。

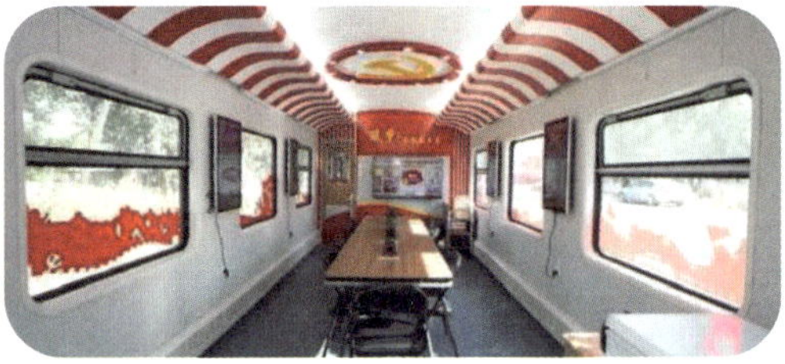

党建文化移动阵地充分体现红色文化和航天精神的传承，通过全面融入数字展示技术，将“红色元素、航天文化”渗透进阵地的方方面面，形成以首都为核心、辐射祖国各地科研试验场的红色联络网，实现科研生产工作阵地、宣传思想发动阵地与党建文化传播阵地的有机融合。该阵地获评第三届人民网内容科技大赛空间类创新奖。

中天鹏宇“两弹一星”精神蓝色专列

2023 年 11 月，中天鹏宇公司党委打造的航天系统首个“两弹一星”精神蓝色专列正式启用。

蓝色专列以中天鹏宇公司铁路自备车为载体，紧紧围绕学习弘扬“两弹一星”精神主题，精选我国航天发展史上的重要标志性事件和人物来阐释解读“两弹一星”精神实质，采取大情怀、小切口的叙事方式，集中展示老一辈航天人参与“两弹一星”工程的动人故事。后续，蓝色专列还将面向广大航天企业及社会大众开放参观，助力弘扬“两弹一星”精神，传播航天文化。

二院党校历史文化展厅

二院党校历史文化展厅建成于2021年二院党校建校40周年之际，按照时间顺序记录了二院党校的发展历程，是具有文化印记的红色坐标，激励新时代的党校人不忘初心使命、敢于担当作为，让党校“奋斗号”的游轮矢志不渝、奋勇前进。

航天长峰展示中心——航天科普教育基地

2016年，在首个“中国航天日”之际，航天长峰展示中心作为国家航天局授牌的“航天科普教育基地”，对社会公众开放。多年来，该展厅已成为弘扬航天精神、展现航天事业发展成就的重要窗口。在这里，航天长峰还多次与相关用户、兄弟单位开展“弘扬航天精神”联学共建主题党日，以航天精神文化为桥梁纽带，砥砺奋进共筑梦想。

二、雕塑

“航天梦”雕塑

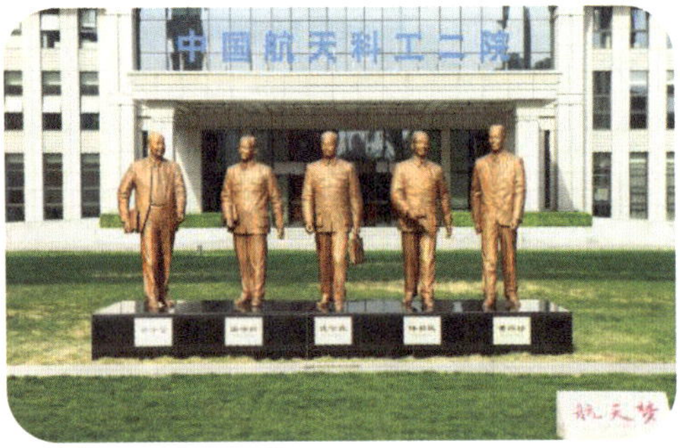

2019年4月19日，在第四个“中国航天日”来临之际，钱学森与“航天四老”任新民、屠守锷、黄纬禄、梁守槃一起阔步向前的全身铜像雕塑在二院落成亮相。这是目前国内首座钱老与“航天四老”在一起的铜像雕塑。雕塑命名为“航天梦”，设在二院永定路工业区99号楼前，自建成以来已接待数以万计的干部职工和社会各界人士参观学习，是来访二院的热门打卡地，已成为二院传播航天精神、展现航天文化的新地标。

二院首任院长王诤将军雕塑

2021年4月20日，在第六个“中国航天日”来临之际，二院第一任院长王诤将军雕塑在二院落成。该雕塑设在二院永定路工业区图书馆楼前广场，激励着全体干部职工不忘初心、牢记使命，接续王诤将军未竟的事业，传承航天精神，履行强军首责，从老一辈航天人留下的精神财富中汲取力量，在奋进新时代的伟大征程中，扛起建设航天强国的责任担当。

陈敬熊院士雕塑

2022年，23所在展厅中设立陈敬熊院士半身雕像。陈敬熊院士是我国天线理论和制导雷达天线技术的主要开拓者之一，为我国电磁场理论与微波技术发展作出了重大贡献。他第一个在二分院提出“导师带徒”培养模式，在人才培养方面悉心耕耘数十年。

“红色原点”雕塑

屹立于研发楼外的“红旗二号”导弹，于2018年二部建部60周年时建成，命名为“红色原点”。它镌刻着二部抓总研制的国产地空导弹首次击落U-2高空侦察机的光辉历史，激励总体人传承红色基因，不忘初心、从原点出发，在“有矛必有盾”和装备实战化的实践中矢志奋斗。

“问箭”雕塑

2022年，“问箭”雕塑在长虹公司主题文化园落成。雕塑呈发射之姿，是箭已射出的状态。

三、文创成果

航小天系列

2015年，二院官方微信“航小天”卡通形象经过广泛征集，于当年11月16日院庆日发布。2018年，航小天形象玩偶问世。随后，陆续推出了“航小天”剪纸版、杨柳青年画版等航天五福形象产品和系列表情包。2023年11月，“航小天”形象完成版权登记。

不忘初“芯”导弹模型

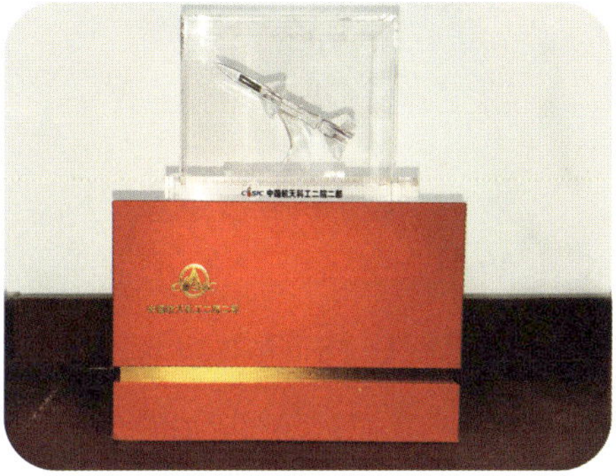

导弹模型由二部职工采用3D打印技术制作而成，在模型头部镶嵌导弹金属材料切片，体现二部“不忘初心、牢记使命”的历史担当，是具有纪念意义的总体文创作品。

航小星系列

2019年，空间工程总体部推出卡通形象“航小星”，代表着总体部的主营业务“航天卫星”。吉祥物整体形象以蓝色为基调，体现了航天精神，表达了空间人对浩瀚宇宙的探索和向往。空间工程总体部依据“航小星”形象，结合总体部文化理念，衍生出“星宝贝家族”受到职工喜爱。

雷小达系列

雷小达是23所推出的卡通形象，连同其后陆续推出的多款表情包，深受职工喜爱。雷小达和航天员的故事、雷小达望天宫等漫画作品，分别获航天新闻协会新媒体作品奖、中央企业优秀故事奖等。2023 年，23 所基于雷小达卡通形象，设计制作了雷小达文创系列。

航小遥系列

航小遥是 25 所 2020 年推出的卡通形象。“航小遥”名字来源于 25 所“以制导带遥感、以遥感促制导”的光辉历程，整体形象以白色和蓝色为主，展现了航天企业特征，身着白色航天服，配以蓝色点缀，科技感强烈，表现了精导人积极开拓、昂扬向上的精神风貌。每年所庆之际，航小遥先后推出多款文创作品受到广大职工的喜爱和欢迎。2023 年，航小遥推出一套 5 款展现企业文化理念的摆件。

航小测系列

201 所于 2024 年推出卡通形象航小测。该形象将 201 所“质量至上”的理念与航天元素相结合，使“航小测”既可爱又可靠。

航小计系列

2023 年，203 所推出卡通形象航小计，设计了含有航小计元素的文创作品，深受职工喜爱。制作了航小计人偶服装，为所庆、运动会等活动增添了亮色。发布了以航小计形象为蓝本的微信表情包，并设计了节日版，给大家微信聊天增添了趣味性。

小目小特系列

2023年，207所新版卡通形象小目小特正式发布。设计不仅融入了航天、目特元素，更兼具创造力、趣味性和拟人化的特质，“潮萌酷炫”更富有“科技感、未来感”。目前，小目小特雕塑守护在永定路工业区，成为一道亮丽的风景线。除此以外，小目小特表情包等系列衍生品也已陆续上线。

航小信系列

“航小信”是208所专属卡通形象，以“奔跑”动作作为主形象，结合“追求卓越，领跑行业”的企业愿景，象征着208所全体干部职工拼搏奋进的精神和在高质量发展征程上行稳致远。2023年，为所庆推出新款“航小信”表情包。

新风WIND系列

吉祥物 WIND 作为 283 厂青年吉祥物于 2021 年正式亮相，并陆续更新传统节日、特色主题等不同版本形象。“动时激情洋溢，静时踏实肯干”的形象广泛应用于厂内各类活动。

航小新系列

2021 年 11 月，699 厂在厂庆之际，推出卡通形象航小新。围绕 IP，陆续制作日常版、冲刺版、新春版表情包，与职工进行充分互动。航小新还用于互联网短视频拍摄、运动会入场展示等，得到了更广泛的关注、喜爱和认同。

虹小虎系列

2021 年，长虹公司推出虹小虎卡通形象，先后推出了小型雕塑等文创。

“小飞猱”科普IP

天剑中心着力打造“小飞猱”科普 IP，“中国航天日”当天上线“小飞猱探航天”抖音号，举办多期面向二院职工子女的航天科普夏（冬）令营，反响热烈。

航小峰系列

航小峰是航天长峰原创设计的企业 IP 卡通形象，活泼生动的蜜蜂形象寓意长峰人勤劳勇敢、奋斗不辍的德行品质。2018—2020

年为“奋斗峰”初代形象，2021年迎来“新长峰”版形象并持续迭代升级。以航小峰为原型，公司陆续策划出品了航小峰玩偶等周边文创，并于2022年推出奋斗峰（标准款）、太空峰（航天员款）、滑雪峰（冬奥款）、音乐峰（休闲款）和“带你去兜‘峰’”（隐藏款）等5款造型。

“智慧未来”系列

智慧产业公司原创设计出品“智慧未来”四款卡通形象：智，是科技；慧，是聪明才智；未，是将要发生的事情；来，是终会来到，终会实现。依据“航智智”“航慧慧”“航未未”“航来来”卡通形象，智慧产业公司制作了“国家利益高于一切”“脑中有红线”“合作共赢”“团结就是力量”等48个动态表情包。

第三节　文化活动

一、主题活动

“航天文化进校园”活动

多年来，二院坚持开展“航天文化进校园”活动，在学校开学、入队、中国航天日、六一儿童节等时间点，走进周边中小学、所在街道社区学校、业务相关高校等，开展航天知识科普、航天精神宣讲、航天人故事分享等，推动航天精神、航天文化的传播，在学生心中种下航天的种子。

“航天文化进富源”活动

自承担定点帮扶云南省曲靖市富源县任务以来，二院坚持开展“航天文化进富源”活动。特别是近些年，二院在当地多所学校建设航天梦想教室，建成航天文化中心等，在“中国航天日”之际，深入富源县各个中小学，组织开展丰富的活动，进行文化帮扶，以文化助推乡村振兴。

“航天梦 · 航天颂”主题文化活动

2019 年 4 月 19 日，在第四个“中国航天日”来临之际，二院组织“航天梦 · 航天颂”主题文化活动。现场开展了“航天梦”雕塑建成仪式，国家特级航天员、航天英雄杨利伟，中国工程院院士陈敬熊、张履谦、钟山、于本水、黄培康，以及航天元老家属代表钱永刚、黄道群、梁珪宣等出席活动。随后，二院还开展了丰富多彩的活动，传承航天精神，凝聚发展力量，激励新时代航天人接续奋斗，再创辉煌。

“筑梦空天”主题文化活动

2020 年 4 月 23 日，在第五个“中国航天日”之际，二院组织“筑梦空天”主题文化活动，发布《筑梦空天——航天精神在二院》一书，并开展“读书、品书、荐书”活动，制作宣传展板、H5 宣传片、荐书短视频等，大力宣传二院发展成就，激发职工干事创业激情。

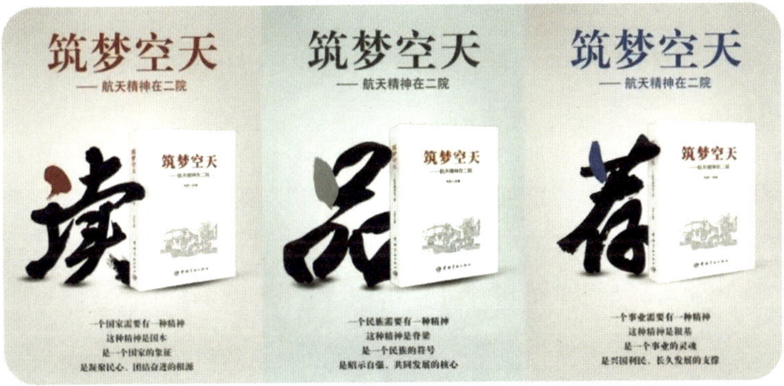

“初心 · 使命”主题文化活动

2021 年 4 月 20 日，在第六个“中国航天日”之际，二院组织“初心 · 使命”主题文化活动，举行开国中将、二院首任院长王诤将军雕塑落成仪式。科学技术部高新技术司，国资委宣传局，国防科工局新闻宣传中心领导，院士代表，二院老领导以及王诤家属代表等出席活动。雕塑落成仪式后，在场人员参观了王诤将军生平事迹展，共同回顾了王诤怀着对马克思主义的坚定信仰，从一名热血青年成长为共和国开国元勋的传奇历程，感悟了老一辈无产阶级革命家开创新中国、建设新中国的初心与使命。

“传承·梦想”主题文化活动

2022年4月24日，第七个“中国航天日”，二院组织“传承·梦想”主题文化活动，正式发布公开出版的《导弹人生》一书。活动现场，大家集中观看了《导弹人生》宣传片，展示了张履谦院士为此次活动书写的“导弹人生”书法作品，并进行了赠书仪式。两位总师代表深情回顾一生从事导弹事业的感人故事，钟山院士、于本水院士回顾了与书中两总在航天事业初创时期的共同努力，讲述了老一代航天人对航天事业的热爱和对新一代航天人的祝福。二院老领导畅谈了自己读《导弹人生》的体会和感悟，二院团委向全院青年发出《做“跟党奋斗、强国有我”的新时代航天青年》的倡议。

“传承航天精神·点亮航天梦想”主题文化活动

2023年4月21日，在第八个“中国航天日”到来之际，二院开展“传承航天精神·点亮航天梦想”主题活动，发布《追梦空天》《砺剑空天》两部书籍。全国总工会政策研究室、中国儿童少年基金会、团中央中国少年儿童发展服务中心、全国青少年宫协会、中国科协青少年科技中心、北京市永定路学区等领导，北京57中学、北京育英学校航天校区、北京五一小学、北京五一小学未来实验小学、北京玉泉小学、北京图强二小等学校校长，云南富源中学高二四班班主任等出席此次活动。活动在玉泉小学合唱团演唱的《夜空中最亮的星》中开始。嘉宾们观看了两部书籍宣传片，共同开启新书启动装置，并进行了赠书活动和座谈交流。

"中国航天云端分享大会"直播活动

二部与人民在线/人民网舆情数据中心联合主办"中国航天云端分享大会"全网直播活动，以"弘扬航天精神，拥抱星辰大海"为主题，邀请航天人"云端畅谈"自己走过的航天路和眼中的星辰大海。直播活动在腾讯视频等11家平台全网同步直播，观看人数达60余万。

“总体会客厅 忆起向未来”系列访谈

二部开设“总体会客厅 忆起向未来”访谈栏目，邀请航天老专家谈航天创业经历，解读航天精神的时代内涵。访谈视频在央视、光明日报、科技日报新媒体等中央媒体平台播出，形成矩阵式传播效果，并在二部办公区内循环播放，是一场生动的航天精神教育课。

职工家属联谊活动

二部等院属单位多年来持续举行职工家属联谊活动，邀请家属走进二院，参观科研办公场所，了解单位发展的风雨历程和收获的累累硕果，促进家属了解航天事业、感受精神，赢得家属支持，有效营造相亲相爱一家人的和谐氛围。

文化快闪活动

2019 年，在中华人民共和国成立 70 周年之际，中天鹏宇公司党委组织全体干部职工开展“不忘初心、牢记使命、歌唱祖国”特色主题活动，观看电影《我和我的祖国》，并以快闪方式唱响影片同名主题曲，讴歌祖国社会主义建设的巨大成就，弘扬民族精神，激发干部职工爱党爱国主义精神。

2021年，为庆祝建党百年，表达207所干部职工对党的真挚情怀，特别录制《唱支山歌给党听》快闪MV，207所150余名党员、群众用歌声唱响红色经典、致敬百年华诞。

主题文化月活动

2016年，206所开展主题文化月活动，围绕“厚德、自信、创新、拼搏、共融、健康”主题，每个月进行相应的主题文化活动，让职工讲述航天人自己的故事，弘扬航天精神，传播正能量。

网络信息总体部以建党102周年为契机，组织开展了主题鲜明、形式多样、内容丰富的“红七月”系列活动，进一步凝聚人心、汇聚力量，全力为推动公司高质量发展和建设“新二院”贡献智慧和力量。

“航天文化进万家”活动

25所以“弘扬航天精神，传播航天文化”为宗旨，打造“航天文化进万家”品牌活动，引导青年积极投身于志愿服务活动，为社会公益事业做贡献，推动社会主义精神文明建设。开展了“航天科普进校园”“朝阳伴夕阳”“绿化进社区，育苗在家庭”等一系列品牌志愿服务活动，受到了海淀区、北京市志愿服务团体等社会各界的广泛认可。

“大手拉小手、共迎航天日”活动

自2016年首个“中国航天日”以来，25所每年都为精导宝贝们准备丰盛的航天文化大餐，“大手拉小手、共迎航天日”已成为25所精导品牌文化重要活动之一。通过亲子互动、寓教于乐的形式，让孩子们在科学实验和智慧比拼中学习航天知识，启迪航天梦想，激发孩子对航天探索的浓厚兴趣，感受航天事业发展成就，传承航天精神，凝聚实现中国梦航天梦的强大力量。

“爱在计量日、携手共奋进”活动

5月20日是世界计量日，203所举办以“爱在计量日、携手共奋进”为主题的家属开放日活动，职工和家属欢聚一堂，一同走进二院、走进203所，了解航天事业、学习计量知识、感悟航天精神。本次活动让职工和家属之间开展了一场“爱的告白”，搭起了一座桥梁，连接职工的“小家”和单位的“大家”。

“青春与星空对话”中西部青少年航天圆梦系列活动

2021年，在中国载人航天工程办公室指导下，208所联合中国航天基金会共同举办中西部青少年航天圆梦系列活动“青春与星空对话”，前往海南

文昌和酒泉卫星发射中心开展系列活动。活动被人民日报、新华社、央视等全国各主要媒体广泛深度报道，在微信、微博、客户端、网页、论坛等传播平台上引起广泛关注，微博端话题总阅读量1亿+，全网信息总量6000万+，总阅读量6037万+，客户端文章数量1420万+，总阅读量3994万。

中国空间站“天宫画展”

2022年，在中国载人航天工程办公室的指导下，208所承办中国空间站首届“天宫画展”，于1月1日在中国空间站正式开展，王亚平等神舟十三号航天员乘组对活动作品进行现场展示介绍，引起社会广泛关注，当天的央视《新闻联播》对活动进行了报道。

2023年大年初一，在中国载人航天工程办公室的指导下，208所承办的中国空间站第二届“天宫画展”成功开展。全国各地的青少年通过CCTV-13“瑞兔呈祥中国年”特别节目和央视新闻客户端“向春而行 欢聚这一刻”进行在线观看，人民日报、新华社等主流媒体纷纷发表相关文章，活动影响力再创新高。2023年10月，第三届“天宫画展”征集活动正式启动，并于2024年2月23日在中国空间站开展。

“手牵手 · 望天宫”青少年与载人航天面对面活动

2022 年 8 月至 2023 年 2 月，在中国载人航天工程办公室的指导下，208 所联合中国航天基金会、新华社、酒泉卫星发射中心等单位共同举办的“手牵手 · 望天宫”青少年与载人航天面对面活动正式启动。青少年走进东风航天城，与时代楷模王仕花开展交流座谈，参加航天员出征仪式，现场观看神舟十五号发射。活动获新华社、央视等主流媒体广泛报道，活动微纪录片《梦想种子飞天路》入选国家广播电视总局 2023 年第一季度优秀网络视听作品推选活动优秀作品。2023 年 5 月，活动再次走进文昌发射场，见证天舟六号飞天，并在发射场里开展“少年绘天宫”巨幅画卷创作活动并同种“连心树”。

“争做新时代好队员”少先队员与载人航天面对面活动

2023 年 5 月 28—30 日，208 所与中国载人航天工程办公室、全国少工委、酒泉卫星发射中心、光华基金会、团甘肃省委等单位联合主办的“争做新时代好队员”少先队员与载人航天面对面活动成功举行。活动登上 5 月 31 日的央视《新闻联播》，并在“六一”当天联合新华网共同推出《少先队员望天宫》主题云队课直播。2023 年以来，活动已先后走进酒泉卫星发射中心、文昌发射场等地，实地观看火箭发射、参加航天员出征仪式、与航天专家面对面交流，近距离感受中国航天事业发展成就，学习传承航天精神。

“奋进706”主题文化活动

706 所坚持开展“奋进706”主题文化活动，探索将人文关怀工作与企业文化建设相互融合，切实让广大职工感到温馨、暖心，增强职工的凝聚力与主人翁意识，激发其工作热情与主动性。结合建所 60 周年，特别开展了“奋进六十载 强企向百年”系列主题活动，邀请曾经在 706 所奋斗过的老专家、员工回“家”看看，感受企业的发展变化。开展了“情在 706”家属联谊会，向职工家属展示“奋进”文化，并感谢他们对 706 所事业发展的支持和帮助。

“向上新立人 奋进新时代”企业文化发布活动

在第八个“中国航天日”来临之际，2022 年 4 月 18 日，699 厂举办“向上新立人 奋进新时代”企业文化发布活动，是该厂推进企业文化提升工程的一项重要举措，旨在通过发布职工行为价值观，进一步统一干部职工的思想共识，加深职工对航天精神、企业文化的价值认同。活动从企业精神进行延展，通过情景剧、沙画配音秀、T 台秀、诗朗诵、员工采访、现场互动答题、发布启动仪式等多元立体的形式，从“自信”“自立”“创新”“高效”四个篇章帮助大家沉浸式地体验和感受企业文化。活动中发布了职工行为价值观“专业 务实 担当 进取”。

“初心·传承·使命——穿越时空的信仰对话”特色主题活动

中天鹏宇公司周密策划主题活动，赓续传承弘扬红色基因和航天精神，深入挖掘以李富德为代表的老一辈革命家和航天人的先进事迹，举办“初心·传承·使命——穿越时空的信仰对话”特色主题活动，邀请公司抗美援朝老战士代表、老党员代表与青年党员代表、青年骨干代表面对面交流，共同讲述初心故事、传承红色记忆、畅谈理想信念、砥砺成长动力，培育爱党爱国、爱岗敬业、拼搏奉献的良好风尚。

“格物致知 叩问苍穹”航天科普活动

201 所在 2023 年“中国航天日”，联合中国载人航天工程办公室和中国国家博物馆开展“格物致知 叩问苍穹”航天科普活动，将正在中国国家博物馆展出的“逐梦寰宇问苍穹——中国载人航天工程 30 年成就展”搬到线上，在集团公司微博、微信、抖音等多平台直播，覆盖中西部地区 113 所学校的师生以及广大网友共计 10 万余人次，为全国多地区莘莘学子展示中国航天的辉煌成就，活动成效被央媒及省部级媒体报道，取得良好传播效果，助力提升航天事业美誉度。

“总装金戈担使命 勇毅筑梦新征程”主题文化活动

283厂围绕“总装金戈担使命 勇毅筑梦新征程”主题，策划厂级、团青、群众、离退休4大系列文化活动。举办文艺汇演、文创大赛、青年新风快闪、离退休职工书画展等活动；发布《厂史》、企业宣传片等时光主题回忆合辑。在演出现场表彰先进个人和集体，发布新风奋斗精神。系列活动将内振士气与外塑形象相结合，文化传承与展望未来相结合，展示283厂取得的成绩成果，凝心聚力，增强职工的文化认同。

“学雷锋为民服务一条街”志愿服务活动

桂北航天自成立以来，就开展“学雷锋为民服务一条街”志愿服务活动，至今已经延续了40多年。为民磨刀、理发、修理自行车、小家电等等，已经成了传统项目。近年来，根据居民群众的需求以及社会时代的发展，又逐步增加了拍摄证件照、反诈骗宣传等等。“学雷锋为民服务一条街”已经成为社区周边居民拍手称赞的活动。近些年，长虹公司党委也不断树立文明品牌，其中老牌保留节目磨刀——“锋芒再现”获得了柳州市优秀志愿服务项目。

航天科普“走出去、请进来”特色系列活动

航天长峰深入开展学习航天发展史、科普航天知识系列活动。公司先进代表“走出去”，为中国科学院附属玉泉小学送上精彩纷呈的航天科普课程，让航天梦想的种子深植于“小小航天人”心中；组织基层党支部前往中国国家博物馆，参观学习中国载人航天工程30年成就展，以打卡集印章方式现场“边学边答”，感悟航天精神奋进力量；连续多年举办“航天科普知识”抖音互动直播，趣

味问答掀热潮。坚持将社会公众“请进来”，合作伙伴、职工家属等走进公司展示中心，通过沉浸式教育引导公众关注航天、热爱航天；公司团委开展“航天点亮梦想 科技逐梦苍穹”主题团日，青年志愿者邀请河北石家庄独山港中学师生到访，直观了解航天发展史，播种航天精神文化种子。

二、讲堂活动

院士讲堂

多年来，二院结合“中国航天日”等契机，邀请二院院士围绕航天发展历史、航天精神传承弘扬、前沿技术发展等，进行宣讲。院士讲堂已成为二院庆祝“中国航天日”的重要特色活动，推动了二院干部职工深入了解航天发展历史，学习传承老一辈航天人的优良传统，传承弘扬航天精神。

二院大讲堂

2013 年 6 月，二院大讲堂开讲。二院院长为领导干部和骨干人员讲授第一课。这是二院贯彻落实集团公司转型升级要求的一项重要举措。后续，二院陆续开展了大讲堂系列讲课，促进全员分析研讨，全面对标未来发展，制定切实措施推进转型升级。

道德讲堂

近年来，二院结合道德模范评选，组织开展道德讲堂活动。在活动中，获奖的道德模范代表进行事迹分享，讲述成长故事，促进更多职工学习模范、争当模范。

同时，院属单位创新形式，开展各具特色的道德讲堂活动。

207 所定期开展的“道德讲堂”活动，伴随着《公民道德歌》的旋律拉开序幕，按照“唱歌曲”“学模范”“诵经典”“谈感悟”“送吉祥”五个环节展开，通过朴实的语言和生动的故事，让大家深刻理解“敬业奉献”“诚实守信”“见义勇为”“助人为乐”“孝老爱亲”的实质，为大家带来一份感动，增添一份鼓舞。

精导讲堂

精导讲堂是 25 所重点打造的全员教育培训品牌。讲堂秉持常态化、长期化、高端化的特色，不定期围绕宏观政策、学术前沿、专业技术等主题，广邀所内外专家学者来所与大家进行交流。2022 年 9 月正式开讲以来，精导讲堂推出了总师大家课、所外高端专家课、部门专场、异地专场四个系列子品牌，参训人员近 2000 人，为营造全员学习氛围，提升全员精神素养起到了积极的作用。

“红色赋能”讲堂

201 所结合党史学习教育常态化长效化打造的“红色赋能”讲堂，以“两个坚持、两个提升、两个带头、两个跟进”，做到党委引领学、党支部推动学、党员带头学、职工跟进学“四学并重”，推进提升广大党员干部职工能力，锻造过硬本领，为 201 所高质量发展注入强劲动力。

青年讲堂

二院各单位结合本单位实际组织开展了一系列青年讲堂活动。

为弘扬航天精神，持续发挥青年榜样的示范引领作用，207 所不定期开展青年讲堂活动，邀请优秀青年及青年团队开展了别开生面的宣讲活动。208 所青年讲堂系列活动紧扣“专业体系研究”靶向目标，紧贴“宣贯学习 + 作用发挥”重点环节，通过“起势 · 研究”“蓄势 · 编撰”“借势 · 交流”“成势 · 致用”四个阶段，以青年骨干结对、青年专题授课、青年互动访谈等鲜活方式，对所“青年专项行动计划”创新成果进行路演，充分展示广大青年昂扬向上的蓬勃朝气、积极作为的攻坚锐气。

Coffee Time讲堂

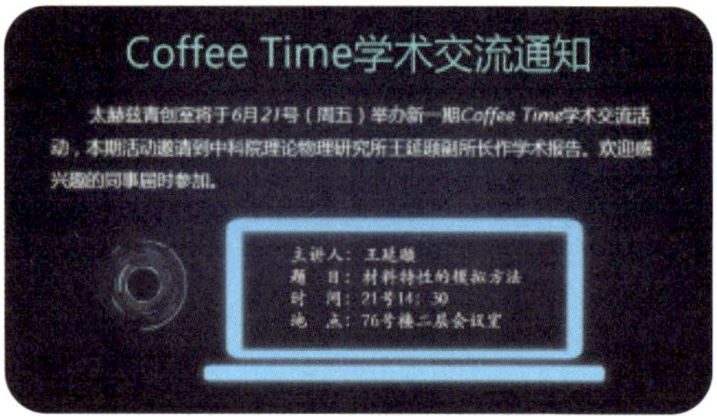

为了促进科研人员之间更加广泛的交流，在思想碰撞中产生更好更多的 idea，207 所重点实验室借助青年创新工作室的平台，开展系列主题学术交流——Coffee Time 讲堂。这是一个延续了将近 10 年之久的讲堂，科研人员在咖啡与茶点的轻松愉快氛围里，就一项科研主题展开讨论。活动从课题覆盖面到参与人员覆盖面都有了不同程度的提升与扩展，拓展了科研人员的视野，激发了交叉领域的研究与突破。

“208所大讲堂”精品学习平台

为构建与高质量发展相适应的员工学习提升平台，208 所坚持打造“208 所大讲堂”精品学习平台，将大讲堂作为加强党员干部思想建设、打造学习型企业、提升职工战略视角、理论水平和业务能力的有力抓手，坚持线上与线下相结合、邀请内部专家与引入外部专家授课相结合、走出去与请进来相结合，系统学习党的创新理论、前沿科技技术、集团公司和二院发展战略等。

“奋进大学堂”

706 所“奋进大学堂”以“传承奋进文化、激发创新思维、提升组织能力、助力员工发展”为使命，系统谋划和创新培训理念，为实现 706 所战略发展目标不断提升培训支持保障能力。该学堂坚持以传承奋进文化为主要目标，使全所职工学习企业文化、理解企业文化、融入企业文化，最终形成企业文化共识。

长峰学堂

航天长峰企业级宣讲平台“长峰学堂”不定期举办读书沙龙、好书分享会等活动，积极引导广大职工从航天精神故事中汲取精神养分，转化为提高自身综合素质和为公司高质量发展贡献力量的强大动力。“长峰学堂”下设“长峰青年学堂”，组织青年上讲台，紧密结合航天精神、公司企业文化、年度重点任务等，开展公开课讲授。

红旗宣讲团系列活动

2022 年 2 月，二院团委组建了以于本水院士为代表的 15 位来自全院各领域专家、青年骨干组成的“红旗宣讲团”，分层级深入开展线上线下结合、互动式的宣讲，分享奋斗成长故事，激励青年向榜样对标，争做爱国奋斗、创新创效、协同奉献、崇德守信的新时代航天青年，争当建设航天强国、实现民族复兴的尖兵。

“我和我的家乡·党史故事会”活动

为庆祝建党100周年，学习党史、感悟党的百年奋斗历程，同时让更多人了解自己的家乡，激发爱祖国、爱家乡的热情，二部开展“我和我的家乡·党史故事会”活动，来自不同省市的讲述者以丰富多彩的形式带来了精彩的故事，并进行视频展播，有效推动党史学习教育走深走实。

“复兴之盾”团队报告文学发布会暨传承弘扬航天精神事迹报告会

为进一步落实习近平总书记关于科技自立自强、航天强国建设的重要指示批示精神，二部举办“复兴之盾”团队报告文学发布会暨传承弘扬航天精神事迹报告会，真实记录、还原在项目成功立项的背后，跨越几代的上百位总体人顽强拼搏、接续奋斗的感人故事，大力传承弘扬航天精神，以航天力量推动中国式现代化建设。

“不忘初心、牢记使命”主题分享活动

近年来，在“五四”“七一”、所庆等时间点，23所精心策划主题分享活动，结合不同的分享主题，比如重点任务重大试验、疫情防控、青年成长等，邀请各条战线、各个岗位上的优秀代表上台分享，并通过文字、视频等形式做好展播，讲好身边雷达人故事，弘扬雷达人精神，营造了干事创业、昂扬向上的氛围。

“青航”青年宣讲团

为传承弘扬航天精神，201所组织共青团干部、青马学员成立“青航”青年宣讲团，围绕五四运动、中国共产党的成立、南昌起义、长征、抗日战争、中华人民共和国成立、抗美援朝、改革开

放、党的二十大精神、团十九大精神、航天精神等主题，深入一线开展宣讲活动，在青年中掀起学习热潮。

青年创想沙龙

208 所青年创想沙龙紧跟时下最新、最热行业发展主题，定期组织开展青年研讨活动，为青年构建跨部门、开放性、互动性、研究性沟通交流平台，旨在营造开拓视野、活跃思想、启迪灵感、激发创新的良好氛围，让青年在创新实践中砥砺淬炼，为创新赋能 208 所高质量发展提供澎湃青春动力。

新立故事会

699 厂多次组织搭建平台，开展新立故事会，职工们用朴实的声音，分享他们记忆里的新立往事以及身边的感人事迹，生动而深情地演绎一个个质朴鲜活、不忘初心的新立故事。新立故事会给岗位上的一线人员提供讲述和表达自己的平台，通过故事感召，增强大家的凝聚力，让大家感受到潜移默化的文化影响力。

“传承航天精神 · 赓续红色血脉”主题授课

为传承航天精神、传递航天情怀、传播航天文化，在全体员工中营造以航天梦托举中国梦的浓厚氛围，汇聚追梦、逐梦、筑梦的磅礴力量，在第七个“中国航天日”当天，中天鹏宇公司结合“三个讲清楚”形势任务教育，开展主题授课活动，回顾中国航天事业创建发展的背景，全面梳理二院建院以来挺起民族脊梁、支撑强军事业的发展历程、突出贡献和辉煌成就，详细解读了航天精神在祖国空天防御事业沃土中传承发展的精神硕果。此次授课作为 2022 年“中国航天日”全国系列活动之一，经国家国防科工局新闻宣传中心公众号预告推广。

参考文献

1.《毛泽东选集》，人民出版社，1991 年版。

2.《邓小平文选》，人民出版社，1997 年版。

3.《江泽民文选》，人民出版社，2006 年版。

4.《胡锦涛文选》，人民出版社，2016 年版。

5.《习近平谈治国理政》，外文出版社，2014 年版。

6.《习近平谈治国理政》(第二卷)，外文出版社，2017 年版。

7.《习近平谈治国理政》(第三卷)，外文出版社，2020 年版。

8.《习近平谈治国理政》(第四卷)，外文出版社，2022 年版。

9.《习近平新时代中国特色社会主义思想学习纲要》，学习出版社、人民出版社，2019 年版。

10.《航天传统精神概论》，中国宇航出版社，1990 年版。

11.《中国航天文化》，华南理工大学出版社，2001 年版。

12.《中国航天文化的发展与创新》，北京大学出版社，2016 年版。

13.《筑梦空天》，中国宇航出版社，2020 年版。

14.《二十大精神学习系列之：文化赋能企业高质量发展》，捷盟咨询智库，2022 年。

后记

在完成《佑梦空天》一书的编纂工作之时，编写组成员们深感荣幸和自豪。这不仅是一次深刻的学习体验，是一次对航天精神与文化的深入探寻，更是一次精神上的洗礼。

《佑梦空天》是在二院党委的领导下，由党委工作部牵头策划和组织，创作团队历时近一年编纂完成的。本书旨在认真研究航天精神与文化的形成和实践经验，系统总结、梳理其精髓与思想，并分析在当前社会中具有的时代价值和意义，以期让更多读者了解和传承好航天精神与文化。编写组在查阅大量文献资料的基础上，结合多年来二院及院属单位的实践做法进行了深入的研究与分析，对书中理论与实例进行了严谨的编辑筛选和逻辑辨析，力求以系统全面、亮点突出的方式呈现航天精神与文化的内涵与特点。

在本书的策划、创作和出版过程中，院领导对本书给予了总体指导和方向审定，院本部相关部门对所涉及内容做了审核把关，院属各单位提供了多方面的支持。同时，本书参考引证了已经出版的众多书籍和资料，在此一并表示衷心的感谢。

创作团队由二院职工组成，第一章、第二章由胡江涌、季国执笔，第三章由李露琪执笔，第四章由陈聪、陈佳佳、苗译文、齐旗、李思齐、许丽丽执笔，第五章由苗译文、张章、杨洋、齐子萌、邱爽、孙文昊、王宇豪、都雪执笔，第六章由李露琪、王俊冬执笔，第七章由张春峰、陈天雄、齐子萌、陈静、王柳君执笔，第八章由胡江涌、雷莉整理。陈仕正完成了本书的组织实施与统稿，刘锋、刘昊元、贾敏慧等完成了本书部分章节的校对工作，雷莉完成了全书插图的收集整理和版面设计等工作，和岳协助完成了书中部分插图的整理。

作为首部探讨弘扬航天精神、推动航天文化建设研究与实践的书籍，编写组在有限的时间内想要系统研究和完整梳理，难免力有未逮。书中不可避免地会存在一些疏漏及不妥之处，敬请广大读者批评指正。

编写组

二〇二四年三月